LE
PETIT FRANÇAIS

PAR

CHARLES BIGOT

AGRÉGÉ DES LETTRES, ANCIEN ÉLÈVE DE L'ÉCOLE NORMALE SUPÉRIEURE

PROFESSEUR DE LITTÉRATURE FRANÇAISE A L'ÉCOLE SAINT-CYR

ET A L'ÉCOLE NORMALE SUPÉRIEURE D'INSTITUTRICES

INSCRIT SUR LA LISTE DES OUVRAGES FOURNIS GRATUITEMENT
PAR LA VILLE DE PARIS
à ses écoles communales

PARIS

EUGÈNE WEILL & GEORGES MAURICE, ÉDITEURS
4 BIS, RUE DU CHERCHE-MIDI, 4 BIS

1884

A la même Librairie :

...rance en 35 Leçons, 5 cahiers, chaque cahier........ » **15**

...ire morale et instructive de Matou, 1 v. in-16.... .. » **85**

LE
PETIT FRANÇAIS

A LA MÉMOIRE

de tous les Français morts pour la Patrie

pendant la guerre de 1870-71

à tous ceux qui ont combattu alors pour la France

CE PETIT LIVRE EST DÉDIÉ

LE
PETIT FRANÇAIS

PAR

M. CHARLES BIGOT

AGRÉGÉ DES LETTRES
ANCIEN ÉLÈVE DE L'ÉCOLE NORMALE SUPÉRIEURE
PROFESSEUR DE LITTÉRATURE FRANÇAISE
A L'ÉCOLE SAINT-CYR ET A L'ÉCOLE NORMALE SUPÉRIEURE D'INSTITUTRICES
RÉDACTEUR AU *XIXᵉ Siècle*

PARIS

EUGÈNE WEILL ET GEORGES MAURICE, ÉDITEURS
169, BOULEVARD SAINT-GERMAIN, 169

LE PETIT FRANÇAIS

AVANT-PROPOS

Petit Français, mon jeune ami, mon frère cadet, écoute-moi. Je viens te parler de ce qu'il y a au monde de plus grand et de plus sacré : de la Patrie.

Tu ne me connais pas, je ne sais pas ton nom ; sans doute nous ne nous rencontrerons jamais. Habites-tu Paris comme moi, toi qui ouvres ce petit livre, ou quelque autre ville grande ou petite, ou la campagne ? es-tu l'enfant de la montagne ou de la plaine ? es-tu né à l'est, à l'ouest ou au centre, au nord ou au midi ? vas-tu passer tes heures de récréation sur le bord de quelque plage, regardant les lames vertes et mugissantes de l'Océan ou les vagues bleues de la Méditerranée? ou bien te promènes-tu par les champs, les prés ou les grands bois? Qui que tu sois, riche ou pauvre, nous ne sommes pas des étrangers l'un pour l'autre; nous parlons la même langue : tu me comprends comme je te comprends. Nous sommes Français l'un et l'autre. Nous sommes les fils de la même terre, et cela suffit pour qu'il y ait entre nous comme un lien du sang.

Si quelque jour, quand tu seras grand, les hasards de la vie t'amènent, comme cela m'est arrivé, à quitter la terre où tu es né, à habiter loin d'elle parmi les pays où les hommes parlent une autre langue, aiment une autre patrie que la tienne, tu verras combien, sans même avoir à souffrir d'eux, tu sentiras toujours que quelque chose te manque, comme ton cœur sera resté au pays qui est ton pays. Tu verras comme, en ouvrant un journal, ce sera aux nouvelles de France que tes yeux iront d'abord ! Tu verras comme ton cœur battra dès que tu apercevras nos trois couleurs, à l'arrière de quelque vaisseau dans un port, à la façade d'un consulat ou d'une ambassade de France, à la fenêtre de quelque Français, en exil comme toi !

Et lorsque tu rencontreras quelqu'un parlant ta langue, non pas à la façon des étrangers qui l'ont apprise, mais avec cet accent de Paris, ou de la

Lorraine ou de l'Alsace, ou de la Normandie, ou de l'Auvergne, ou de la Gascogne, ou de la Provence, qui ne s'apprend point, lorsque tu auras aussitôt reconnu un compatriote, c'est alors, mon jeune ami, que tu te sentiras tout à coup joyeux! A vous deux, vous aurez aussitôt comme refait la France, oublié ce qui vous entoure et qui n'est pas elle. Aussitôt vous parlerez à cœur ouvert, vous vous entretiendrez des souvenirs communs, des espérances communes. Inconnus l'un à l'autre le moment d'auparavant, vous serez devenus presque deux frères par cela seul que vous êtes tous deux Français.

Je commence à écrire ce petit livre, aujourd'hui le 14 juillet 1882. C'est la Fête nationale; c'est l'anniversaire du jour où le peuple de Paris, en 1789, a pris la Bastille, l'anniversaire du jour où, en 1790, toutes les provinces de France sont venues célébrer, au Champ de Mars, sur l'autel de la Patrie, la fête de la Fédération, c'est-à-dire de la Fraternité française. Depuis hier, la grande ville est toute pavoisée de drapeaux, de mâts tricolores, d'où pendent des banderoles. Chaque citoyen a tenu à orner sa demeure : les habitants de chaque rue se sont entendus pour la décorer de concert.

Tantôt une grande revue a été passée au Bois de Boulogne. Les régiments de la garnison de Paris, ayant à leur tête le bataillon des Saint-

Cyriens, ont défilé, drapeau en tête, clairons sonnant et tambours battant, devant le Président de la République, qui saluait chaque drapeau, emblème de la Patrie. Ce soir, tandis que j'écris, tout Paris s'illumine.

Des cordons de gaz, des lanternes vénitiennes, des feux de Bengale s'allument ; des feux d'artifice éclatent, et leurs gerbes montent gaiement au ciel. Les voitures se sont arrêtées ; on se promène, on regarde, on admire. Tous les visages sont heureux et souriants : la foule s'est chargée elle-même de faire respecter l'ordre, et malheur à qui s'aviserait de le troubler ! Aux principaux carrefours, des estrades ont été élevées ; des orchestres y sont installés, et l'on danse au son de la musique. Entre le travail d'hier et le travail de demain, — et nulle part, tu le sauras plus tard, on ne travaille autant qu'à Paris, — tout le monde s'est donné une journée de repos et de joie. Et ensuite, après ce repos et cette joie, on n'en retournera que plus bravement à la besogne.

Les enfants de ton âge tirent des pétards en dépit des règlements de la police qui le défend et qu'il serait plus sage de respecter, — car un pétard mal lancé peut aller brûler une robe ou crever un œil. Mais qu'y faire ? Les bambins de douze ans aiment, tu le sais bien, à faire du bruit dans le monde, et ils aiment déjà aussi à sentir l'odeur de la poudre. Les braves sergents de ville, qui se

souviennent que, eux aussi, ils ont eu douze ans,
font semblant de ne pas entendre.

Silence! c'est un groupe de jeunes gens ou
d'hommes faits qui passent; de leurs voix rudes mais
viriles ils chantent la *Marseillaise*. On l'a déjà entendue aujourd'hui plus d'une fois : on se tait pourtant pour l'entendre une fois de plus. C'est que ce
chant-là, mon petit ami, aucun Français ne l'entend
de sang-froid, tu le sais bien déjà : c'est lui qui en
1792 et 1793 a conduit nos pères lorsqu'ils chas-
saient hors de France l'envahisseur; il a été
chanté par des voix françaises sur tous les champs
de bataille, il a été chanté par elles dans toutes les
capitales de l'Europe; aucune de ces capitales ne
peut dire qu'elle ne l'entendra pas chanter encore
Il est aussi terrible qu'il est magnifique. Ce qu'est
le drapeau tricolore pour les yeux, la *Marseillaise*
est cela pour les oreilles : l'emblème de la Patrie,
le symbole de la France.

Si tu habites, non pas Paris ni quelqu'une de
nos grandes villes, mais quelque petite commune,
certes, la fête n'aura pas été grandiose et magnifique
comme elle l'est ici : pas plus que les maisons de
ton village n'ont six étages comme les maisons
parisiennes, pas plus que l'église de ta paroisse
n'est superbe comme Notre-Dame, ou le Panthéon,
ou la Madeleine. Mais si petite que puisse être ta
commune, tu sais que ce jour-ci est le jour de la
Fête nationale. Tu as vu le drapeau tricolore à la

porte de ton école, tu l'as vu à la porte de la mairie. Tu as vu quelques lanternes et quelques illuminations, tu as vu se réunir les conseillers municipaux; tu as pris ta part de quelques réjouissances. Ton cœur a battu un peu plus fort qu'aux jours ordinaires. Tu as su que partout, au même jour, en même temps, tous les Français, sur quelque coin du sol qu'ils vécussent, célébraient une même chose, et que cette chose-là, c'était la France, c'était la Patrie.

Écoute-moi maintenant. Je vais essayer de te bien expliquer ce que c'est que la Patrie, ce que c'est que ta patrie, la France. Et quand tu auras bien compris pourquoi il faut l'aimer de tout ton cœur, et pourquoi elle mérite que tu l'aimes, jusqu'à mourir pour elle, s'il le faut, nous dirons ensuite comment tu dois la servir.

PREMIÈRE PARTIE

LA PATRIE FRANÇAISE

LIVRE PREMIER

La Patrie.

CHAPITRE PREMIER

Un mot sur la vie.

Petit Français, qu'est-ce que la Patrie?

Tu as maintenant douze ans passés; hier tu n'étais qu'un enfant, que tes parents nourrissaient à la becquée comme les oiseaux nourrissent leurs petits, auquel on épargnait toutes les fatigues. Tu n'as vécu que pour toi seul. Tu trouvais chaque jour, dans la maison paternelle, matin, midi et soir, la soupe, le pain, et quelque chose encore à mettre sur ton pain pour qu'il te parût moins sec; on t'a donné un bon lit bien chaud, en hiver de bons vêtements qui te proté geaient contre le froid.

Tout cela t'a paru tout naturel; tu ne t'es jamais

douté des privations que s'imposaient tes parents pour te procurer tout cela. Ils travaillaient pour toi bien durement, tandis que tu dormais ou que tu courais çà et là et t'amusais. Tu es, sans t'en douter, un petit ingrat. Ce n'est que quand tu seras grand, quand tu sauras ce que c'est que la vie, quand tu auras des enfants à ton tour, que tu comprendras bien tout ce que tes parents ont fait pour toi, et d'autant plus, qu'ils étaient plus pauvres. Tu verras alors que plus d'une fois ils ont consenti à avoir froid pour que toi tu n'eusses pas froid, et qu'ils se sont couchés sans souper pour que tu n'eusses pas faim. Ils ont ôté les morceaux de leur bouche pour te les donner.

Tu sauras cela un jour, et tu les remercieras du fond de ton cœur : mais peut-être alors, hélas ! ils ne seront plus là, les bons vieux qui ont fait en silence tant de sacrifices, pour que tu les remercies de vive voix comme tu le voudrais faire, et que tu leur prouves ta reconnaissance en adoucissant à ton tour leurs vieux jours et en les réchauffant de ton affection.

Tu n'étais hier encore qu'un enfant. Te voilà maintenant un jeune homme. Pas encore un homme tout à fait. Tu n'es encore ni assez grand ni assez fort. Mais cela va venir vite. Tu vas pouvoir voler de tes ailes comme un oiseau sorti du nid. Tu sens ton intelligence qui grandit en même temps que ton corps. Tu commences à regarder autour de toi, à réfléchir. Tu deviens quelqu'un. N'est-ce pas que tu te trouves bien fier, mon petit ami, de sentir que demain tu vas être un homme ? Ta fierté est bien placée ; nous l'avons tous eue, nous, tes aînés, quand nous sommes arrivés à ton âge.

Petit Français, qu'est-ce que la Patrie ?

Maintenant que tu deviens robuste et capable de ga-

gner ta vie, ton premier devoir est de le faire. Puisque
tu peux te suffire, tu ne dois être à charge à personne.
Quand tu seras capable de gagner plus que ce qui est
nécessaire à toi tout seul, tu feras bien alors de choisir
une femme honnête et bien portante, que tu aimeras
et qui t'aimera : vous travaillerez beaucoup tous les
deux ; mais avec les fruits de votre travail vous élè-
verez tous deux des enfants qui seront votre sang, qui
grandiront à leur tour. Arrivés au terme de la vie
vous vous endormirez paisiblement, sans regrets et sans
remords, de ce grand sommeil qui est notre fin dernière à tous, et où nous ont précédés tant de générations.
Votre journée sur la terre, où se mêlent les fatigues, les
joies et les tristesses, sera finie. C'est là ce qu'on appelle
la vie, mon enfant, et, à tout mettre dans la balance,
elle est bonne.

Petit Français, qu'est-ce que la Patrie ?

Quand tu sauras gagner ta vie, et ensuite la vie de
ceux qui, autour de toi, ont besoin de toi pour vivre ;
quand tu auras été bon fils, bon mari, bon père et bon
grand-père, bon voisin, secourable aux malheureux,
auras-tu, mon jeune ami, rempli tous tes devoirs
d'homme ? Non, mon enfant, tu n'auras pas été un
homme véritable, au vrai sens du mot, si tu n'as pas
été en même temps un fidèle et dévoué fils de ton pays.
Écoute-moi bien, je t'en prie ; car c'est justement ce de-
voir-là qui s'impose à toi, qui marque que tu deviens
un homme, et que tu as cessé d'être un enfant.

Tu as une Patrie, tu le sais ; tu es Français, tu le
sais. On te l'a dit depuis que tu étais tout petit. Tu
connais le drapeau aux trois couleurs qui lui sert de
symbole. Tu as vu un oncle, un frère aîné, un cousin,
des voisins, qui portaient l'uniforme de ses soldats. Tu
as vu sur les cartes de l'Europe l'image de la France ;

à l'école tu as appris à en tracer les contours sur ton ardoise, tu en as appris l'histoire. On t'a dit qu'il fallait l'aimer plus que ta famille même, et tu l'aimes en effet d'instinct, sans savoir pourquoi, parce qu'on t'a dit de l'aimer, parce que tu as vu ton père, ta mère, ton maître, l'aimer et ne prononcer son nom qu'avec respect. Cela t'a suffi jusqu'ici.

Si tu continuais à l'aimer ainsi, par instinct seulement et sans savoir pourquoi, peut-être le jour où elle te demandera quelque sacrifice héroïque, trouverais-tu le sacrifice bien lourd ; tu écouterais alors les lâches conseils de l'égoïsme ou de la peur. Mais si une fois tu as bien compris qu'il est juste et nécessaire de l'aimer, en ce cas, mon cher petit bonhomme, je suis bien rassuré par avance. Au jour de l'épreuve, si ce jour doit venir, tu ne lui manqueras pas.

Prête donc l'oreille !

CHAPITRE II

Ce que c'est que la Patrie.

Qu'est-ce donc que la Patrie ?

La Patrie, c'est comme un être plus grand que nous et dont nous sommes tous en quelque sorte les membres, dont nous profitons tous, quand il est robuste, dont nous souffrons tous quand il souffre.

Sache-le bien, l'individu ne peut presque rien quand est seul : il peut tout quand il unit ses efforts à d'autres efforts. C'est pour cela que l'homme vit en société au lieu de vivre seul ; réfléchis, observe, pénètre-toi bien de cette importante vérité, tu n'y saurais trop réfléchir.

§ I. — *L'association dans la famille.*

Regarde autour de toi, et commence par regarder dans ce que tu connais le mieux : la maison paternelle.

Qu'y vois-tu? Pendant que ton père travaille aux champs du matin au soir, s'il est cultivateur ou vigne-ron, à la fabrique ou à l'atelier, s'il est ouvrier, ta mère pendant ce temps ne travaille pas moins rude-ment à la maison. C'est elle qui prend soin de toi et de tes petits frères et sœurs, c'est elle qui fait le ménage, c'est elle qui entretient la maison propre ; c'est elle qui raccommode les vête-ments de tous les siens ; c'est elle qui fait la cuisine et pourvoit à ce que ton père trouve aux heures de repas une soupe chaude qui l'attend ; c'est elle qui sur-veille l'emploi de tout l'ar-

gent de la maison, regardant à un sou dépensé inu-tilement et qui, par cette économie sage, fait que le pain ne manque jamais, et qu'il reste toujours au fond de l'armoire quelques pièces blanches pour payer, en cas de maladie, la visite d'un médecin ou acheter aux jours de fête carillonnée quelques vête-ments neufs. Comment ton père pourrait-il veiller à tout cela, lui que son travail appelle et retient sans cesse au dehors ?

Tu le vois, mon enfant, ton père a besoin de ta mère, comme ta mère a besoin de ton père. Si ta mère ne veillait pas sur le ménage, si ton père ne travaillait pas ou s'il dépensait au cabaret l'argent qu'il gagne, tout irait mal chez vous, comme cela va mal peut-être dans quelques familles mal assorties autour de toi. C'est le travail de tous deux pour une œuvre commune, travail différent, mais qui s'entr'aide, qui permet que vous ne manquiez de rien ; et quand tu gagneras un peu d'argent tu l'apporteras, toi aussi, à la maison pour accroître le bien-être de tous.

Sais-tu comment ce travail commun s'appelle, mon enfant ? Il s'appelle « l'Association ».

T'a-t-on fait apprendre, à l'école, une bien jolie fable et bien vraie qui a pour titre : *L'Aveugle et le Paralytique*? Ils étaient deux malheureux, bien cruellement éprouvés. L'un avait des jambes mais pas d'yeux ; il pouvait marcher, mais non pas se conduire : l'autre avait des yeux mais pas de jambes ; il pouvait se conduire mais non pas marcher. Ils unirent leurs misères, au lieu de rester chacun tout seul et impuissant. L'aveugle prit sur ses épaules le paralytique et se chargea de le porter, et le paralytique de son côté se chargea de conduire l'aveugle. Nous sommes tous, vois-tu bien, de quelque côté aveugles et paralytiques. Nous ne pouvons pas tout faire à nous tout seuls. La vie est un échange de services que nous nous rendons ; les hommes ont besoin des femmes ; les femmes ont besoin des hommes ; les petits ont besoin des grands ; les vieux ont besoin des jeunes, et réciproquement.

§ II. — *L'association dans la commune.*

Je t'ai montré l'association de ton père et de ta mère dans la maison paternelle. Mais tu as grandi, tu vois déjà maintenant autre chose encore que la maison paternelle.

Si tu es né dans une ville, tu sais déjà que c'est l'intérêt de tous que les rues soient larges, bien pavées, les trottoirs entretenus, et quels services les hommes se rendent les uns aux autres. Mais il y a bien des chances pour que tu sois né dans une campagne. Là, ce que tu dois à l'association te frappe moins d'abord. Cependant écoute et réfléchis.

Tu sais qu'autour de la maison de tes parents il y a d'autres maisons, ou voisines ou éloignées, les unes plus riches, les autres plus pauvres. Dans chacune de ces maisons habite une famille. Et toutes ces familles, à côté de leurs intérêts propres, par cela seul qu'elles vivent les unes à côté des autres, se trouvent avoir des intérêts communs. Celui qui n'a qu'un champ  est aussi intéressé que celui qui en possède dix à ce qu'il existe un chemin par lequel il puisse aller à son champ et rapporter chez lui la récolte. Il n'est personne qui n'ait avantage à se rendre le dimanche au bourg de la commune où il a souvent plusieurs choses à acheter, où il rencontrera des gens qu'il connaît et qu'il a plaisir à voir. S'il fallait que chacun entretînt un chemin à lui seul, comment serait-il assez riche pour le faire? A coup sûr il n'en viendrait jamais à bout. Et c'est pourquoi les voisins qui ont un intérêt commun se sont associés. Ils entretiennent le chemin qui est utile également à tous. Chacun en hiver attelle sa voiture et porte sur ce chemin une ou deux charretées de pierres ou de bourrées pour combler les ornières. Ceux qui n'ont pas de voitures apportent le travail de leurs bras et tout le monde s'en trouve bien.

Comment se nomme cette nouvelle association, où chacun contribue dans la proportion de ses ressources? Tu le sais déjà; elle a nom : la Commune.

J'ai choisi un exemple que tu comprends bien. En  veux-tu d'autres? Tu vas voir qu'il y en a beaucoup. Est-ce que chaque père de famille pourrait payer un maître d'école pour apprendre à lire et à écrire à ses enfants? Non, n'est-ce pas? car il faut que ce maître vive sans faire autre chose qu'enseigner s'il veut bien enseigner. Tu serais resté toute ta vie sans même savoir tes lettres s'il avait fallu que ton père fît à lui seul les frais de ton instruction. Mais une association s'est faite de tous les habitants de ta commune. Avec l'argent produit, on a trouvé le moyen de bâtir une maison d'école, de payer le traitement d'un maitre. Grâce à cette association, l'école est ouverte à tous et même, depuis la troisième République, personne n'a rien à payer ni les camarades ni toi, pour y être admis.

La nature a fait l'homme faible, bien faible, s'il est réduit à ses propres forces ; mais en s'unissant à d'autres individus, tous faibles comme lui, il peut accomplir les résultats les plus merveilleux et qui décuplent la puissance de chacun. C'est la belle devise adoptée par les Belges nos voisins : *l'Union fait la force.*

§ III. — *L'association dans le canton.*

Tu vois ce que l'association peut dans la commune et combien elle y est nécessaire. Mais regarde bien ; toute la vie d'un homme n'est pas enfermée dans sa commune. A côté de celle où tu es né, il en est d'autres toutes pareilles à la tienne et dont tu sais les noms.

Il a fallu des routes pour communiquer de l'une à l'autre, et tout le monde y était intéressé également. Un seul individu, une commune même toute seule n'aurait jamais sufli à la dépense. Tout le monde en a pris sa petite part et la route s'est faite dont tout le monde profite. C'est là une autre association plus large que la famille, plus large que la commune ; tu sais comment elle se nomme, n'est-ce pas ? C'est le Canton. Il y a là, au centre, un bourg plus grand que les

autres bourgs, presque une petite ville. C'est là qu'on
va vendre chaque semaine au marché le beurre et les
œufs ; c'est là qu'on trouve des magasins bien pourvus
de tout ce que l'on a besoin d'acheter. C'est là qu'habite le percepteur à qui l'on va payer l'impôt, le
juge de paix également ; c'est là qu'arrivent les lettres
et les journaux que chaque jour le facteur distribue
à la ronde ; c'est là que résident les gendarmes qui
protègent les honnêtes gens et vont arrêter les voleurs ou les assassins quand par malheur il s'en trouve.
Il est très utile, tu le comprends, qu'il y ait un canton, et plusieurs communes réunies font ainsi bien
des choses qu'aucune toute seule ne pourrait faire.

§ IV. — *L'association dans l'arrondissement.*

Veux-tu voir maintenant une autre association plus
grande que le canton ?

On t'a déjà conduit, malgré tes petites jambes, à la
ville voisine dont tu entendais parler depuis longtemps.
Tu en es revenu tout émerveillé, n'ayant jamais rien rêvé
de si beau. Tu as vu des maisons et des maisons, des
rues, des places et quantité de monde par les rues et
sur les places, des magasins superbes avec toutes sortes
de belles choses étalées : des réverbères au gaz qui
s'allumaient le soir et faisaient que l'on y voyait comme
en plein jour. Cette ville-là c'est la sous-préfecture, le
chef-lieu de l'Arrondissement. C'est là qu'habite le
sous-préfet ; c'est là qu'est le tribunal qui juge les procès ; c'est là que se tiennent les grands marchés où se
vendent le blé, les moutons, les bœufs et les vaches, les
chevaux. Les cantons sont groupés autour du chef-lieu
d'arrondissement comme les communes autour du

chef-lieu de canton. Sens-tu que, grâce à cette union, chacun d'eux est plus fort pour accomplir ce qui est utile à lui et à tous que s'il était seul?

§ V. — *L'association dans le département.*

Et maintenant regarde un peu plus haut encore et plus loin du petit coin où tu es né. — A côté de ton arrondissement il en existe un autre, et d'autres à côté de ceux-là. Eh bien, entre eux, il s'est fait une autre association toute pareille à celles que tu as déjà vues. Comment se nomme celle-ci, mon enfant? Tu fais bien vite la réponse. Elle se nomme le Département.

Au chef-lieu du département réside le préfet, et aussi le général qui commande les forces militaires, et le directeur des postes et des télégraphes, et le receveur général qui, dans sa caisse, centralise tous les impôts, et l'ingénieur en chef qui surveille les travaux des routes et des canaux. Tu vois comme, à mesure que nous montons, l'association en s'étendant devient puissante. Chaque citoyen, pauvre ou riche, dans ce qu'il paie pour l'impôt, paie, outre la part de la commune, quelque chose pour le canton, quelque chose pour l'arrondissement, quelque chose pour le département; mais, à leur tour, le canton, l'arrondissement, le département font quelque chose pour lui.

Encore une fois, as-tu bien compris maintenant ce que c'est que l'association, quelle est sa puissance, et combien il est avantageux aux hommes non seulement de n'être pas seuls, mais d'être beaucoup ensemble?

§ VI. — *L'association dans l'État.*

Eh! bien, si tu as compris cela, te voilà arrivé où je voulais t'amener.

Imagine maintenant une association plus grande que toutes les autres, qui les comprend toutes : l'association de tous les départements : tous réunis pour faire une œuvre commune, se prêtant un mutuel concours. Celle-ci se nomme l'Etat. C'est l'accord dans un même effort de tous les individus, de toutes les petites collectivités. Ainsi, de la famille à la commune, de la commune au canton, du canton à l'arrondissement, de l'arrondissement au département, du département à l'Etat, c'est une pyramide qui monte, et l'Etat en occupe le sommet.

Donne-lui maintenant son vrai nom à cette association suprême qui enveloppe toutes les autres, qui fait leur lien et leur force : c'est la Patrie!

Si la Patrie venait à disparaître, il y aurait encore chez nous des Lorrains, des Champenois, des Picards, des Flamands, des Normands, des Bretons, des Poitevins, des Auvergnats, des Gascons, des Provençaux, des Basques, mais des Français il n'y en aurait plus : et bientôt tous ceux que je viens de te citer se diviseraient encore à leur tour. Au lieu d'un bloc humain solide et compact, comme celui que tu vois et qui fait une nation, il ne resterait plus qu'une poussière humaine.

CHAPITRE III

Les bienfaits de la Patrie.

Ce que fait pour nous tous la Patrie, il faut te le dire. C'est elle qui établit les lois faites à l'avantage de tous; c'est elle qui, par la police et la paix intérieure, nous assure à tous la sécurité du travail et la jouissance de ce que nous avons gagné par le travail; c'est elle qui fait que la nuit nous dormons en paix dans nos maisons, sans avoir à craindre les voleurs et les assassins, que nous nous promenons où nous voulons sans redouter les brigands; c'est elle qui a construit et entretient toutes ces belles routes qui, partant de la capitale, vont jusqu'aux frontières, mettent en communication les régions différentes du pays, facilitent le commerce et les échanges. C'est elle qui a pris sous sa protection l'instruction publique, qui bâtit des maisons d'école là où elles manquent, s'assure que les maîtres sont capables de donner, à ceux qui ont comme toi besoin d'apprendre, un enseignement à la fois sérieux et honnête.

Qui pourrait faire toutes ces choses utiles à un pays si ce n'est la Patrie? Qui pourrait établir les grandes routes dont je t'ai parlé? creuser les canaux pour lesquels il faut tant de millions et qui mettent en communication le Nord et le Midi, l'Océan et la Méditerranée? Qui pourrait construire, dans nos ports, ces bassins profonds où les navires partis de tous les coins du monde viennent apporter les richesses de l'univers dont nous avons besoin, qui repartent pour les lieux d'où ils sont venus, chargés de nos vins et de tous les produits de notre industrie, que l'étranger nous demande en échange d'un bon or qui nous enrichit?

Eh bien! la Patrie fait plus encore. Elle considère tous ses enfants comme une grande famille; et, s'il y a parmi eux des pauvres, des déshérités, loin d'estimer qu'elle doive les abandonner, c'est à ceux qui ont le plus besoin d'elle qu'elle se croit tenue de donner davantage. Il y a, tu le sais bien, des villes florissantes et de petites communes. Il y a des contrées riches et productives où l'on n'a pour ainsi dire qu'à laisser faire le sol

pour recueillir de riches moissons; il en est d'autres ingrates et presque stériles. S'il n'y avait pas de Patrie tous les avantages seraient pour les uns, toutes les misères pour les autres. Les compagnies de chemins de fer construiraient des chemins de fer là où se trouvent beaucoup d'habitants, beaucoup de richesses, beaucoup d'industries, là où ces chemins sont faciles à construire et doivent rapporter beaucoup d'argent. Elles se garderaient bien d'en faire là où il faut percer des montagnes, établir des viaducs coûteux, où, en un mot, il y a beaucoup à dépenser et peu à gagner. Mais la Patrie est là qui veille; et quand elle accorde une concession, elle n'oublie pas les intérêts de ceux auxquels on ne songerait jamais si elle ne les défendait.

S'il n'y avait pas la Patrie, les villes riches auraient des écoles nombreuses, florissantes; les communes pauvres, — et peut-être es-tu né dans quelqu'une de celles-là — n'en auraient jamais, leur fortune ne leur permettant ni de bâtir l'école ni de payer le maître. C'est alors encore que la Patrie intervient. Elle demande à chacun de faire seulement ce qu'il peut; elle se charge du reste; elle prend à ceux qui ont trop pour donner à ceux qui n'ont pas assez. Elle fait de l'argent de tous, que lui apporte l'impôt, une caisse commune qu'elle vide au service de tous. Tu sais bien le nom de cette caisse : c'est le Budget que les représentants de toute la France sont chargés de voter chaque année.

Tout cela est déjà beaucoup, n'est-ce pas? Eh bien! le principal je ne te l'ai point dit encore: la Patrie fait une chose plus grande que tout ce que tu viens de voir. Elle a pour mission de nous protéger tous, d'empêcher que nous ne soyons dévorés par des voisins ambitieux, que tentent notre richesse et la beauté de notre pays. Dis-moi, comment ferions-nous pour résister à des centaines de mille hommes qui nous envahiraient, qui se jetteraient sur nous pour piller nos maisons, ravager nos champs, recueillir les moissons que nous avons semées, nous chasser enfin de ce qui nous appartient après avoir appartenu à nos pères et en jouir à notre place; oui, dis-moi, comment leur résisterions-nous si nous étions tout seuls, ou simplement les habitants réunis d'une commune, d'un canton, d'un arrondissement, d'un département? Quel que fût notre courage, nous serions bientôt vaincus, désarmés, ou massacrés ou condamnés à subir les caprices atroces du plus fort. Mais, heureusement encore, la Patrie est là. Elle entretient

une armée forte, nombreuse, bien exercée, toujours
prête à combattre s'il en est besoin ; elle entretient à
côté de l'armée de terre une marine toujours prête à

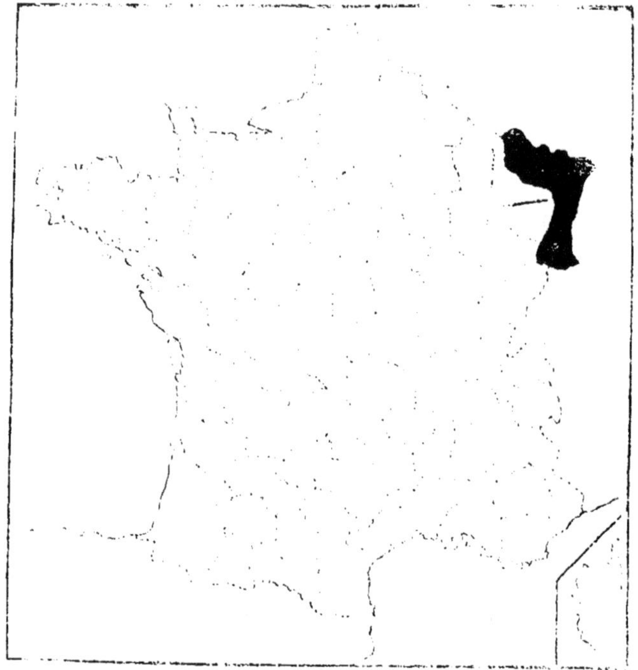

faire son devoir si ce sont nos côtes que l'ennemi
menace, si nous avons à protéger une colonie ; elle a
des arsenaux pleins de canons, de fusils, d'obus et de
cartouches ; elle fortifie nos frontières et notre capitale
de façon à leur mettre comme une cuirasse qui les
protège. Tout cela sans doute coûte beaucoup d'argent et chaque année une bonne partie du budget s'y
dépense. Mais avoue que ce n'est pas là de l'argent
mal employé !

Et sais-tu ce qui nous est arrivé pour nous être
engagés dans une guerre, il y a tout juste douze ans,
sans avoir ni assez de soldats, ni assez de canons et de
fusils, ni des fortifications assez solides ? Tu le sais,

et ton petit cœur en saigne de rage chaque fois que tu y songes. Nous n'avons pas été seulement vaincus et humiliés; nous n'avons pas seulement perdu trois cent mille bons Français, morts de blessures sur les champs de bataille ou de maladies dans nos hôpitaux, ou prisonniers dans les forteresses allemandes; il nous a fallu payer cinq milliards de rançon au vainqueur, et chaque année, cette dette pèse lourdement encore sur nos impôts; il nous a fallu, et c'est là le plus horrible, leur abandonner l'Alsace tout entière, la moitié de la Lorraine. Tu la connais cette « tache noire » qui est maintenant à l'est de la carte de France! On a taillé d'une main sans pitié une livre de chair, toute vive, toute saignante, sur le corps de notre Patrie. Notre ennemi est plus fort de tout ce dont nous avons été affaiblis : si demain il y avait une guerre nouvelle entre la France et la Prusse, il faudrait que les enfants de l'Alsace et de la Lorraine marchent sous la cravache et le revolver de leurs officiers dans les rangs allemands contre leurs frères français. Nous avons plus de charges et nous sommes moins nombreux pour les porter. Nous avons à côté de nous un voisin plus redoutable, et nous sommes moins nombreux pour lui résister. Voilà les conséquences d'une guerre où la Patrie ne s'est pas trouvée en état de se défendre.

CHAPITRE IV

La Patrie et l'Humanité.

C'est ici que je vais, mon petit ami, au-devant d'une pensée qui certainement se présenterait un jour ou l'autre à ton esprit, si elle ne s'y est présentée déjà :

« Mais pourquoi les hommes se combattent-ils les uns les autres ? Pourquoi, comme ils ont formé des associations plus grandes que la famille, plus grandes que la commune ou le département, n'en ont-ils pas fait une plus grande que la Patrie elle-même et où tous les hommes de tous les pays seraient compris ? Ne serait-il pas plus utile à tous de vivre en bonne intelligence et de s'entr'aider, que de se tirer les uns aux autres des coups de fusil et de canon et de s'entre-tuer ? »

Tu n'auras pas été le premier à faire cette réflexion, et beaucoup de sages l'ont faite avant toi. Il serait fort à souhaiter qu'on ne se tuât plus, en effet, et il n'y a certainement aucun homme de bon sens qui aime la guerre. il viendra peut-être un temps où l'on trouvera que le monde a été barbare bien des milliers d'années durant et où tous les hommes s'aimeront. Mais quand ce temps-là sera venu, il y aura de longues années que toi et moi nous dormirons sous la terre où dorment tous ceux qui nous ont précédés. Or, il est absolument inutile de savoir ce que feront ceux qui naîtront dans mille ans d'ici seulement — ce sera l'affaire de ceux qui vivront alors ; — notre affaire à nous, c'est de savoir ce que nous devons faire, nous qui vivons aujourd'hui.

Les routes sont sûres aujourd'hui en France, la police y est bien faite ; tu peux te promener partout

où tu voudras d'un bout à l'autre du pays, sans risquer
d'être attaqué par un bandit au coin d'un bois, ou
assassiné dans une hôtellerie. Tu aurais bien tort de
voyager armé et tu ne le feras pas. Il n'en a pas toujours été ainsi, même en France. Un voyageur, il y
a seulement deux ou trois siècles, était sans cesse
exposé à de mauvaises rencontres. Pour protéger
sa vie ou sa sacoche il devait surtout compter sur lui-
même. Que faisait-il? Il voyageait armé, avec une

bonne épée au côté et de bons pistolets chargés dans
les fontes de sa selle. La nuit il les mettait sous son
chevet. Il ne faut attaquer personne; mais, si des
brigands vous attaquent, il est bon de pouvoir se défendre. Mieux vaut tuer le voleur que d'être tué par
lui. Ce cas-là s'appelle le cas de légitime défense.

Eh bien! c'est justement ce qui se passe entre les
nations. On n'a pas encore trouvé le moyen d'établir
une gendarmerie qui saisisse au collet les peuples
violents et des tribunaux qui les condamnent. Ce n'est
pas la justice qui décide entre les peuples, c'est

la force. Malheur au faible qui n'est pas en état de se protéger lui-même ! Quand un petit oiseau est pris entre les griffes d'un épervier, ses cris ne le délivreront pas plus qu'ils n'attendriront le cœur de l'oiseau de proie : le pauvre petit oiseau sera déchiré et dévoré tout vivant, et son assassin n'en sera que plus fort après s'être nourri de sa chair et de son sang. Le malheureux lapin ou le lièvre qu'un renard a saisi a beau gémir, son sort sera tout pareil ; lui aussi servira de nourriture à la bête de proie, tout comme le mouton au loup qui l'a égorgé.

Il en est absolument de même entre les nations. On l'a dit, et c'est justement à propos de nous qu'on l'a dit : « La force prime le droit. » C'est la même chose que La Fontaine disait déjà il y a deux cents ans, dans une fable que tu connais bien :

La raison du plus fort est toujours la meilleure.

Il se moque bien de la justice et du droit, le plus fort ! Il a pour lui ses ongles, et cette raison lui suffit.

Il y a peut-être des nations, douces, équitables, ne désirant aucune conquête, incapables d'abuser de leur force vis-à-vis d'un plus faible et de profiter d'une occasion de s'agrandir aux dépens d'autrui, quoiqu'à vrai dire on n'en trouve guère de telles dans l'histoire quand on l'étudie n'importe en quel temps. Mais malheur au pays qui compterait pour être respecté sur ce sentiment de la justice chez ses voisins ! Sois sûr en tout cas, mon ami, que les tiens ne sont pas de ceux-là. Si ton pays est un mouton, s'il n'a pas de bonnes dents pour mordre et de bonnes griffes pour riposter aux coups de griffes, on ne se bornera pas à lui prendre la laine sur le dos ; on le mangera lui-même. On le respectera tout au contraire si l'on sait bien qu'il ne ferait pas bon s'attaquer à lui. Regarde si un renard cherche querelle à un loup bien endenté ou si un brochet s'en prend à un autre brochet de sa taille !

Pourquoi les hommes, en fait d'association, n'ont jamais pu s'élever plus haut que l'idée de Patrie et ne sont jamais allés jusqu'à la grande association de l'Humanité, cela tient à bien des causes, mon enfant, et tu es encore trop jeune pour qu'on puisse te les expliquer toutes. Cela tient à ce que le monde est bien grand ; cela tient à ce que les hommes appartiennent à des races différentes, qui n'ont ni les mêmes idées, ni les mêmes mœurs : cela tient à ce qu'ils parlent des langues différentes et ne se comprennent pas les uns les autres. Une seule chose est certaine ; c'est que, depuis que le monde est monde, tout individu a eu une Patrie grande ou petite, qu'il a aimée, qui lui a demandé de la défendre, quand elle était menacée, à laquelle il s'est dévoué, pour laquelle il a fait des choses héroïques quand il était capable d'être un héros, dont il a partagé les gloires et les tristesses, et que jamais encore on n'a vu de peuple où, sous prétexte qu'on aimait l'Humanité, on se dispensât d'aimer sa Patrie. Au surplus, si ce peuple-là eût pu exister, tu conçois qu'il n'aurait pas duré longtemps ; ses voisins de gauche ou de droite auraient eu vite fait de l'effacer de la carte.

Veux-tu avoir une idée de ce que sont les nations en ce monde, mon cher enfant? Regarde autour de toi dans la commune où tu vis. Vous parlez tous la même langue, vous avez beaucoup d'intérêts qui sont les mêmes. Et pourtant la bourse de personne n'est la bourse du voisin. Chacun songe à ses propres intérêts d'abord. Celui qui est pauvre désire être moins pauvre, celui qui est riche déjà songe à s'enrichir encore. Si l'un fait de mauvaises affaires et se trouve réduit à vendre son bien, les autres sont vite consolés de son malheur ; quelques-uns parce qu'ils ont mauvais cœur, d'autres purement par égoïsme : ils se disent qu'ils vont pouvoir acheter à bon compte un morceau de terre qui les aidera à s'arrondir et que depuis longtemps déjà ils regardaient avec envie.

Regarde maintenant une carte de l'Europe, et tu vas voir entre les nations la même chose que tu as pu voir dans ta commune entre les propriétaires. Ici tout pareillement, il y a des ambitieux : comme on ne peut pas élargir la terre, nul ne peut s'étendre qu'en prenant à celui qui possédait déjà. Ici tout pareillement il y a des jaloux. Combien crois-tu qu'en 1870 il y ait eu de peuples en Europe qui trouvaient que la France tenait trop de place dans ce monde et qui étaient bien aises de la voir humiliée ! Si tu veux savoir combien pensaient autrement, fais le compte de ceux qui ont remué le petit doigt pour nous secourir lorsque nous avons été vaincus. Ce compte sera bientôt fait. Chacun s'est dit au contraire qu'il aurait peut-être quelque chose à recueillir de nos dépouilles : ceux-ci sur la Méditerranée, ceux-là dans l'Océan.

Il y a en Europe six ou sept gros propriétaires ; ce sont les grands États. La seule pensée de chacun, c'est de s'accroître encore. La différence entre ce qui se passe dans ta commune et ce qui se passe en Europe, la voici : c'est que si, dans ta commune, un gros propriétaire voulait déplacer la borne et labourer le champ du voisin, il est des juges devant lesquels on peut le citer. En politique, il n'en est point. La Pologne, il y a cent ans, voulait rester la Pologne ; cela n'a pas empêché la

Russie, l'Autriche et la Prusse de la découper entre elles en trois parts comme un gâteau. Le Schleswig-Holstein, il y a vingt ans, voulait rester danois ainsi qu'il était ; cela n'a pas empêché la Prusse de le prendre parce qu'elle était la plus forte. L'Alsace et la Lorraine, il y a onze ans, voulaient rester françaises : cela n'a pas empêché la Prusse de s'en emparer parce que nous n'étions plus en état de les lui disputer. Te sens-tu bien convaincu qu'il faut vivre pour la Patrie et ne pas songer à quoi que ce soit hors d'elle ?

—

CHAPITRE V

L'utopie de l'idée « d'Humanité ».

Et cependant tu rencontreras des gens, quand tu seras grand, qui te diront : « L'idée de Patrie est une idée arriérée et qui a fait son temps. Il faut aimer quelque chose de plus grand, de plus noble que son pays : c'est l'Humanité. Qu'importe après tout que la Patrie périsse, si l'Humanité tout entière y gagne ! Est-ce que tous les hommes ne sont pas frères ? » — Tu as peut-être lu la légende de ce Romain appelé Curtius, se jetant dans un gouffre qui, pour se refermer, exigeait, à ce que l'on prétendait, une victime humaine. Eh bien ! disent-ils, nous imitons cet héroïsme : nous jetterons s'il faut la France dans le gouffre pour le bien de tous les hommes. — Oui, même après nos malheurs, tu trouveras plus tard des Français qui te parleront ainsi et qui te répéteront : « Qu'importent l'Alsace et la Lorraine? Les Allemands sont nos frères, les Russes sont nos frères, les Italiens, les Espagnols, les Anglais sont nos frères : Ouvrons nos bras à tous les hommes! »

Quand ils te tiendront ce langage, qui pourrait te séduire par une apparence de générosité et aussi par ce qu'il est pénible à ton cœur de Français de haïr, réponds-leur ceci :

« Ce que la Patrie fait pour moi, je le vois fort bien : et, en échange de ce qu'elle fait pour moi, il est juste, en retour, que je me dévoue, que je sois résolu à mourir s'il le faut pour elle, si elle me le commande. Mais que fait, que fera jamais pour moi cette Humanité dont vous me parlez? Quel service me rendra-t-elle jamais? Quelle protection puis-je attendre d'elle? Quand nous avons été accablés par l'Allemand, est-ce qu'elle est venue à notre secours? Pas le moins du monde. Elle nous a laissé opprimer sans merci. Après la paix signée, est-ce qu'elle a payé un sou de nos cinq milliards de rançon, cette Humanité? Pas le moins du monde. Elle nous a laissés les payer à nous tout seuls. Si elle a pensé à quelque chose, c'est à ceci seulement : que nos malheurs étaient un avantage pour tous les autres, que nos industries étaient chargées de lourds impôts qui augmentaient d'autant les frais de notre production et rendaient par conséquent plus facile, jusque chez nous, la concurrence des produits de l'étranger. J'ai de bonnes raisons de me sacrifier à mon pays dont je partage le bonheur ou les épreuves ; je n'en ai aucune de me sacrifier à l'Humanité. »

Réponds-leur ceci encore :

« Où est-elle, cette Humanité dont vous me parlez?

Par quelle voix s'exprime-t-elle? Qui a qualité pour
parler en son nom et me dire ce qu'elle ordonne? Je
vois autour de moi, en Europe seulement, des Anglais,
des Belges, des Hollandais, des Prussiens, des Autrichiens, des Danois, des Suédois, des Russes, des Turcs,
des Grecs, des Italiens, des Espagnols. Tous aiment
leur Patrie et s'occupent d'elle uniquement. Je cherche
l'Humanité et je ne la vois pas au milieu de tout cela.
Je fais comme eux, je m'en tiens à ma Patrie. »

Réponds-leur ceci également :

« Quand tous les hommes se considéreront comme
frères ; quand aucun pays ne songera plus à s'agrandir
par la fourberie ou la violence ; quand aucun ne souf-
frira plus qu'une iniquité s'accomplisse sans intervenir aussitôt pour l'empêcher ; quand la justice et le
respect du faible seront entrés dans tous les cœurs, —
alors je ne demanderai pas mieux que d'être le frère
de tous. Mais ce que l'on m'offre en attendant, c'est
un marché de dupe ; on me conseille d'aimer des gens
qui me haïssent, on me propose d'ouvrir les bras à
ceux qui ne rêvent que de m'étrangler. Grand merci! »

Réponds-leur ceci surtout :

« Si j'écoutais vos beaux conseils, si, par amour de
l'Humanité, je devenais incapable de défendre ma Patrie le jour où elle serait attaquée, est-ce que cela
me dispenserait d'avoir une patrie et me permettrait
de n'aimer plus que l'Humanité?

— Ah ! la bonne plaisanterie ! Est-ce que l'on a dit
aux Alsaciens-Lorrains : « Nous vous avons arrachés à
l'idée étroite de la Patrie française : désormais vous
n'avez plus à aimer que l'Humanité tout entière? » On
leur a dit au contraire : « Désormais vous aurez à aimer
comme nous tous la grande patrie allemande. » Cet
amour, le maître d'école et le caporal prussien se

chargent également, par des moyens différents, de le faire entrer dans les cœurs : et il ne fait pas bon y résister. On n'a pas demandé aux Alsaciens-Lorrains s'ils voulaient devenir Allemands, on savait bien qu'ils auraient répondu comme un seul homme : « Notre cœur est à la France ! » On les a faits Allemands malgré eux ; on condamne tous les jours à l'amende et à la prison

les jeunes gens qui, arrivés à l'âge du service militaire, passent la frontière plutôt que d'être incorporés dans un régiment prussien, on les considère comme des déserteurs.

Il ne dépend pas de toi de t'affranchir de la Patrie. Il faut, il faudra toujours que tu en aies une. Tu n'en aurais pas moins une Patrie et qui t'imposerait de la servir, si par amour de l'Humanité tu te dérobais à la défense de la tienne, si tu la laissais écraser par des voisins ambitieux. La seule différence, la voici : au lieu de la Patrie qui a été celle de tes pères, de la Patrie où tu es né, il te faudrait subir, accepter la Patrie de ton vainqueur. Tu serais Prussien au lieu d'être Français ; dis-moi si cette perspective est faite pour te tenter !

Nous avons connu, nous qui sommes vieux déjà, ces rêves de la fraternité de tous les peuples. Il n'en est guère parmi nous qui ne les ait partagés au moins une heure. Que veux-tu? La France semblait alors si forte, si vraiment invincible! Nous ne haïssions personne; nous ne voulions humilier ni dépouiller personne : nous ne voyions autour de nous que des semblables. des frères. Nous étions prêts à serrer le monde entier sur notre cœur. Ah! mon enfant, quel réveil après ce rêve, et comme nous avons vu que nous nous trompions! On nous haïssait, et nous l'ignorions ; on jalousait notre influence et nous l'ignorions; on convoitait notre sol, notre richesse, et nous l'ignorions. Les autres étaient Anglais, Prussiens, Autrichiens, Russes, Italiens, et nous, nous étions à peine Français!

Ce n'étaient pas les autres qui avaient tort, c'était nous, mon enfant : c'était nous qui avions lâché la proie pour l'ombre, la réalité pour la chimère.

Sache-le bien, ce qui existe réellement, ce n'est pas l'Humanité, être vague et abstrait que personne n'a vu ni ne verra; ce sont les nations qui, elles, existent bien réellement. Elles occupent une place sur la carte, elles ont une organisation politique , un gouvernement, une administration, une langue, des lois à elles, un drapeau, une volonté commune : sur un mot d'ordre donné, elles se lèvent tout entières et mettent sur pied des armées, vêtues d'un même uniforme, prêtes à combattre d'autres armées. Voilà les réalités, mon enfant ! Entre ces nations une grande lutte pour l'existence est engagée. C'est à qui sera la plus puissante, occupera le plus d'espace, exercera le plus d'influence, possédera le plus de gloire. Or, chacun a sa part ou des triomphes ou des revers de sa patrie. Selon qu'elle est riche ou pauvre, victorieuse ou vaincue, chacun est plus riche ou plus pauvre lui-même, il se sent fier ou humilié.

N'en veuille pas aux Anglais d'aimer l'Angleterre, aux Prussiens d'aimer la Prusse, aux Russes, aux Italiens, aux Espagnols, d'aimer la Russie, l'Italie, l'Espagne. Il faut aimer sa Patrie, quelle qu'elle soit, l'aimer de tout son cœur. Même chez les ennemis, il faut savoir admirer le patriotisme. Il faut aimer la Patrie parce qu'elle est le plus précieux des héritages que nous ont légués nos pères; il faut l'aimer parce qu'elle nous garantit à chaque instant, durant la paix, la vie, le travail, nos biens; il faut l'aimer parce que seule, dans la guerre, elle peut nous défendre contre l'injustice et la rapacité de nos voisins. Il faut l'aimer enfin parce que, grâce à l'effort de tous, elle nous permet de faire de grandes choses dans le monde, ce qui est le plus glorieux emploi de la vie humaine.

Tu serais né dans la plus petite des Patries actuelles, en Belgique, en Hollande, en Suisse, je te dirais encore : « aime ta Patrie ! » Ce serait ton devoir sacré. Mais la Patrie où tu es né n'est pas une Patrie quelconque. Elle s'appelle la France. Elle est la plus glorieuse, malgré tous ses revers, la plus noble qu'un homme puisse avoir ; la plus digne d'un culte fervent, d'un dévouement sans limites. Après t'avoir dit ce qu'est une Patrie, il faut te dire maintenant ce qu'est la tienne, ce qu'est la France. Tu verras après cela si, quelques sacrifices qu'elle puisse te demander un jour, tu as le droit de les lui marchander

LIVRE II

La France

CHAPITRE PREMIER

La France est une patrie favorisée par la nature.

Ce que c'est que la France, ce que signifie ce nom qui depuis ta naissance a frappé sans cesse tes oreilles, le moment est venu de te le dire. Écoute et n'oublie pas.

§ I. — *Douceur de la vie en France.*

Ta patrie, mon enfant, est une patrie bonne et heureuse. La vie y est facile et douce. Pour aucun pays la nature n'a été plus prodigue de bienfaits. Tu te souviens de Marie Stuart, qui avait un moment été reine de France, il y a de cela trois cent et quelques années. A l'heure où elle s'embarquait pour aller régner sur l'Écosse, ses yeux ne pouvaient quitter sans larmes cette terre fortunée ; tandis que le bateau l'emportait, elle adressait un touchant adieu au « plaisant pays de

France ». Plaisant pays! tel est bien son vrai nom.
Que ne peux-tu l'avoir visité tout entier pour savoir
combien il est plaisant en effet! La lumière y est belle,
la végétation magnifique. Quand on a un peu couru le
monde et qu'on revient en France, on s'étonne d'avoir
été chercher si loin tant de beautés qui ne valaient
pas celles que l'on avait sous la main. Les peintres
paysagistes français se sont fait une gloire, de notre

temps, simplement à peindre la nature qu'ils ont trouvée devant leurs yeux. Les étrangers le savent bien que
notre France est belle, car ils la visitent plus que nous
ne la visitons nous-mêmes. Sais-tu pourquoi le Français
émigre peu et ne va guère volontiers coloniser aux pays
lointains? pourquoi, quand il a quitté le nid, il y revient
presque toujours, aussitôt qu'il le peut? C'est tout simplement parce que, comme on l'a dit, « plus il voit
l'étranger, plus il aime sa patrie, » et s'aperçoit que ce
qu'il a trouvé ne valait pas ce qu'il a quitté. Cela
même a ses inconvénients sans doute; mais comment

en vouloir à la terre et au ciel d'avoir trop fait pour nous !

Oui, notre pays est « un plaisant pays » ; c'est pour cela que tant de gens qui n'y sont pas nés s'y trouvent bien, lui viennent demander l'hospitalité, et une fois qu'ils l'ont connu ne veulent plus vivre ailleurs. C'est pour cela aussi que tant de gens, nés en un pays triste et laid, voudraient bien nous prendre le nôtre : ils le regardent avec envie, ils y voient une proie bonne à conquérir ; et nous ne le garderons, nous à qui il appartient bien réellement, nous dont les pères l'ont possédé avant nous et nous l'ont légué, que si nous restons capables de le défendre contre toutes les bêtes rapaces.

§ II. — *Le climat de la France; la richesse du sol français.*

Ta patrie est une patrie privilégiée. Elle a reçu un climat agréable et tempéré : on n'y connaît ni les froids épouvantables du nord, ni les chaleurs torrides du midi. Dans un étroit espace de terrain, elle réunit pour ainsi dire les attraits du monde entier. La Provence, c'est déjà l'Italie, la Grèce, l'Afrique, pour la splendeur du soleil, les belles lignes des montagnes, la mer bleue et le ciel bleu; la Gascogne, le Béarn et le Roussillon, c'est déjà l'Espagne ; le Jura, c'est déjà la Suisse; l'Alsace, la Lorraine, les Ardennes, c'est l'Allemagne déjà; la Flandre, plate et grasse, c'est la Belgique et la Hollande déjà ; l'Angleterre n'a pas des prairies plus vertes ni des arbres plus beaux que la Normandie. Comme il est varié et superbe ton pays ! Il a les Pyrénées, la Savoie, le Dauphiné, l'Auvergne, les Vosges, la Bretagne. Trouves-en donc un second sur la carte qui lui soit comparable !

Il est riche d'une richesse prodigieuse. Il produit le blé qui nourrit les hommes, et le vin qui réjouit et fortifie les cœurs : l'olivier, le figuier, le mûrier qui alimente le ver à soie, le chêne et le pin, tous les fruits savoureux, tous les arbres utiles y croissent également. Il nourrit, dans ses grands herbages, les chevaux, les vaches et les bœufs ; sur ses montagnes paissent les grands troupeaux de moutons et de chèvres. Etonne-toi après cela que ce pays fasse envie ! Et le dessous du sol n'est pas moins riche que la surface. On y trouve en abondance dans les mines le charbon dont diverses industries ont tant besoin, le fer, le cuivre, le plomb, tous les métaux utiles. Les Français, pour devenir riches et vivre heureux, n'ont eu guère d'efforts à faire. Ils n'ont eu pour ainsi dire qu'à exploiter les biens qui s'offraient à eux.

Suppose pour un moment que la France fût toute seule au monde : dis-moi ce qui lui manquerait qu'elle ne suffise à produire par elle-même? Je ne vois guère qu'une seule chose : le coton. Combien penses-tu qu'il y ait de contrées au monde pouvant au même degré se passer des autres ? — Et songe que ton pays n'a ni bêtes féroces redoutables comme les lions de l'Afrique, les tigres de l'Inde ou les serpents de l'Amérique, ni insectes insupportables comme ceux que l'on rencontre en tant d'autres pays : tu conviendras que tu es né vraiment sur une terre bénie et bien digne que tu l'aimes.

§ III. — *Situation géographique de la France.*

Eh bien! le plus grand avantage que tu doives à la
nature, je ne te l'ai pas dit encore : et le voici. Elle
t'a placé entre deux mers, la Méditerranée et l'Océan.

Regarde bien un moment la carte de l'Univers. La
mer, tu le sais bien, c'est la grande route toujours
ouverte, l'espace libre qui rapproche les contrées les
plus éloignées depuis que l'homme a découvert la
navigation. Dans l'antiquité, c'est la Méditerranée qui
a été le berceau de la civilisation. La Grèce, l'Italie,
qui en occupent le centre, étaient alors les contrées
privilégiées.

La vieille Europe est toujours vivante, active,
féconde. Tu y as ta place et ta grande place : ton pays
s'ouvre sur la Méditerranée de Port-Vendres à Menton.
.Tu possèdes la Corse dans la Méditerranée; tu as pu
conquérir sur l'autre rive, la rive africaine, l'Algérie,
la Tunisie, qui, si tu tires bon parti de cette conquête,
seront là-bas, avant peu, comme une autre France.
Enfin, c'est un Français, M. Ferdinand de Lesseps, —
n'oublie pas ce nom, — qui, sur cette Méditerranée,
a ouvert à l'angle sud-est un détroit nouveau tout
semblable à ce qu'est à l'ouest le détroit de Gibraltar.
A force d'énergie et de persévérance, il a percé l'isthme
de Suez. La Méditerranée n'est plus un lac fermé.
Comme le détroit naturel de Gibraltar la met d'un
côté en communication avec l'Océan, de l'autre le
canal de Suez creusé de main d'homme la met
en communication avec la mer Rouge; et, par la
mer Rouge, avec l'océan Indien, avec le Pacifique,
avec l'Afrique orientale, avec l'Inde, avec l'Australie

et toutes les îles de l'Océanie, avec la Chine et le
Japon. Tu as ta place au soleil dans la Méditerranée
une place vaste et superbe ; et, par la Méditerranée
l'Orient tout entier est ouvert à ton industrie, à ton
commerce, à ton activité. Tu peux lutter victorieuse
ment si tu le veux avec tous tes voisins et tes copar

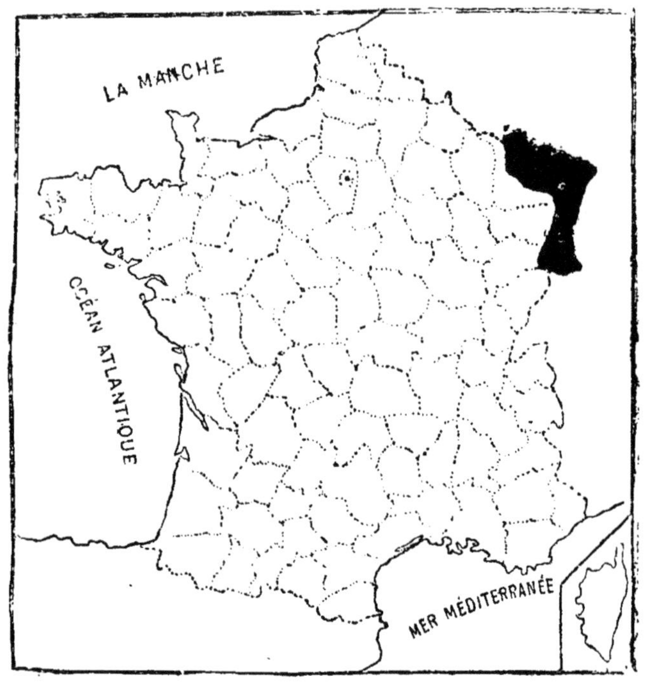

tageants, avec l'Espagne, avec l'Italie, avec la Grèce.

Mais ce n'est encore là que la moitié de ta fortune.
Tandis qu'au midi la Méditerranée s'ouvre à toi, voici
qu'en même temps, à l'ouest, au nord, l'Océan s'ouvre
à toi tout entier.

Regarde cet admirable développement des côtes de
ta patrie, depuis Dunkerque jusqu'à l'embouchure de
la Bidassoa ; regarde ces ports admirables : le Havre,
Cherbourg, Brest, Saint-Nazaire, Bordeaux, pour ne

citer que les plus vastes. L'Océan ! Qu'est-ce que l'Océan ?
C'est la grande mer de la civilisation moderne, depuis
que de l'autre côté, là-bas à l'ouest, un nouveau monde,
presque aussi vaste que l'ancien : — l'Amérique, — a
été découvert ; depuis qu'il s'est peuplé et que des
races européennes, actives et industrieuses, l'ont conquis.

L'Angleterre, la Hollande, l'Allemagne, la Suède,
peuvent sur l'Océan lutter avec des avantages égaux
contre toi ; la nature ne leur en a point donné de supérieurs : — mais ces pays n'ont pas, comme toi, des
ports et des côtes sur la Méditerranée. L'Italie, la Grèce
peuvent lutter contre toi avec des avantages égaux
sur la Méditerranée : — mais ces pays n'ont pas,
comme toi, des côtes et des ports sur l'Océan.

Un seul pays avait été aussi favorisé de la nature
que la France : c'est l'Espagne. Mais l'Espagne n'a pas
su être digne de sa fortune. Après avoir brillé, il y a
trois siècles, d'un magnifique éclat, après avoir été la
maîtresse et de la Méditerranée et de l'Océan, tu sais
quelle décadence a bientôt suivi pour elle. Tu peux en
tirer cette conséquence, que les plus grands avantages
donnés par la nature ne sont rien si les peuples n'en
savent profiter.

Avons-nous suffisamment profité nous-mêmes de
l'admirable situation que la nature nous avait faite ?
Il faut courageusement répondre : « Non », et cela
par notre faute. Non, ni sur la Méditerranée, ni sur
l'Océan plus encore, nous ne sommes ce que nous pour-
rions être. Par notre manque d'énergie, par la mala-
dresse de notre politique, nous avons permis, il y a cent
ans passés, à l'Angleterre de nous prendre le Canada,
de nous prendre nos colonies des Indes, de devenir,
grâce à sa marine, la maîtresse des mers. Elle nous

a ravi un commerce qui eût pu nous appartenir. Jusque dans la Méditerranée, dont elle est loin cependant, son rôle est plus important que le nôtre; elle tient Gibraltar, elle tient Malte, elle tient Chypre; en ce moment même elle a résolu de s'emparer et de l'Égypte et du canal de Suez. Elle est à la fois plus forte et plus riche que nous. Mais que nous ayons comme elle la volonté, la sagesse et l'énergie, et nous n'avons à désespérer de rien, mon enfant. Tant qu'on n'aura pas arraché la France de la place qu'elle occupe sur la carte, pour la replanter on ne sait où, il est une chose que personne ne pourra empêcher : c'est qu'elle aille de Biarritz à Perpignan, de Dunkerque à Nice; c'est que d'un côté la Méditerranée bleue baigne ses côtes et de l'autre l'Océan aux grandes vagues pâles et vertes !

CHAPITRE II

La France est une patrie ancienne.

Voilà ce qu'a fait la nature pour ta patrie. Écoute maintenant ce qu'ont fait pour elle les hommes qui t'ont précédé, les générations de tes pères qui dorment maintenant dans la tombe, qui t'ont fait leur héritier.

Ta patrie est une patrie ancienne. Quand elle date-

rait de trois siècles seulement, comme la Hollande,
d'un siècle comme l'Amérique, d'un demi-siècle comme
la Belgique, tu devrais l'aimer encore et être fier
d'elle. Mais combien plus le dois-tu quand elle est si
vieille! Vois avec quel orgueil les Allemands se récla-

ment des anciens
Germains, com-
me ils font son-
ner les luttes que
ceux-ci ont sou-
tenues contre les
Romains! Certes
ils n'ont pas tort;
car si les hommes
passent vite et ne
demeurent qu'un
jour sur la terre,
il y a une chose
qui dure, ce sont
les races humai-
nes, quand elles
ont du cœur et
de l'énergie. Eh

bien! ta race, à toi, est une race ancienne.

On parlait des Gaulois tes ancêtres bien avant qu'on
parlât des Germains. Ils avaient envahi l'Italie,
envahi la Grèce, ils avaient pénétré jusqu'au cœur
de l'Asie mineure pour s'y fixer, de longs siècles
avant que l'on sût seulement qu'il existait des Germains. Aucun pays du nord, ni l'Allemagne, ni l'Angleterre, ni la Suède, ni le Danemark, ni la Pologne,
ni la Bohême, ni la Hongrie, ni la Russie ne remonte
dans l'histoire aussi haut que toi.

Tout cela n'est rien aujourd'hui sans doute, si tu

ne sais pas être l'égal de tes pères. Tu peux être indigne d'eux et laisser périr, par ta mollesse et ta lâcheté, ce qu'eux, durant tant de siècles, à travers tant d'épreuves, ont si obstinément édifié, conservé, agrandi ; la honte en serait pour toi seul si l'histoire de la France finissait avec toi. Mais, si tu as un peu de cœur, cette ancienneté de ta patrie sera pour toi le plus puissant des aiguillons. Tu les entendras, au jour de l'épreuve, ces nombreuses générations de tes pères, sortant du tombeau et debout devant toi, t'interpeller et t'adjurer. « Serais-tu, te diront-elles, notre fils indigne? Tu as comme nous du sang dans les veines. Tu as des bras, des jambes, des armes. Cette patrie que nous avons faite, que nous avons maintenue et accrue par notre travail et notre courage, sachant mourir pour elle quand il a fallu, la laisseras-tu périr ? La laisseras-tu déchoir, aujourd'hui que ton tour est venu de faire ce qu'avant toi nous avons fait? » Si tu étais à ce point dégénéré, tous tes aïeux te maudiraient justement !

CHAPITRE III

La France est une patrie glorieuse.

Ta patrie n'est pas seulement une patrie ancienne, mon enfant; elle est une patrie glorieuse. Un ancien a dit qu'il était bon, non seulement que la patrie fût la patrie, mais encore qu'elle fût glorieuse. C'est qu'en effet de cette gloire tout le monde a sa part. Parcours tout l'univers, tu ne trouveras pas aisément un pays qui compte d'aussi beaux états de services que le tien, qui ait fait autant de grandes choses, auquel on puisse être aussi fier d'appartenir. Oui, tu peux dire cela, même après les défaites et les désastres d'il y a douze ans. Tu peux aller où tu voudras, et dire le front haut : « Je suis Français »; tu le peux, même aujourd'hui.

§ I. — *Gloire militaire de la France.*

La France est glorieuse par ses armes : on l'a vraiment bien vu dans tous les siècles depuis qu'elle est entrée dans l'histoire. Elle est une mère féconde de vaillants soldats et de grands capitaines. Si elle a connu sur les champs de bataille des journées de deuil, elle peut citer encore plus de journées éclatantes. Rappelle-toi quelques-unes seulement de ces journées durant ces trois derniers siècles : Marignan, Cérisoles, Rocroy, Denain, Fontenoy, Valmy, Jemmapes, Arcole, Rivoli, Marengo, Isly, Sébastopol, Solférino, Austerlitz, Iéna, Friedland, Wagram, la Moskowa. Rappelle-toi les noms de ces hommes de guerre, de Duguesclin à Dunois et à La Hire, de La Hire à Bayard, de Bayard à Henri IV, de Henri IV à Condé et à Turenne, de Turenne à Luxembourg, de Luxembourg et de Vendôme à Hoche, à Kléber, à Bonaparte. Tu peux demander à tous les peuples quel est celui d'entre eux que des Français n'aient pas vaincu, dont nous ne puissions pas montrer de drapeaux conquis le sabre à la main ou la baïonnette au bout du fusil.

§ II — *Gloire politique de la France.*

Ta patrie est glorieuse par ses hommes d'État : les grands politiques, qui savent bien administrer un pays, lui procurer la prospérité intérieure et, par d'habiles combinaisons, lui assurer l'avantage quand il lutte avec l'étranger. L'Angleterre est bien fière de son Walpole et de ses deux Pitt, l'Italie est bien fière de son Cavour, la Prusse de son Frédéric II et de son Bismarck. Tu peux citer avec fierté les noms de Suger, de Louis XI, de Henri IV, de Richelieu, de Colbert, de Louvois, de Turgot, celui d'un mort d'hier, de M. Thiers. Tu n'as point de parallèle à redouter. Par le génie de ses hommes d'État, aussi bien que par ses généraux et ses soldats, la France s'est fait son rang à la place d'honneur ; elle n'en est jamais descendue sans y remonter bientôt. C'est justement qu'on l'a nommée « la grande nation » : c'était le nom qu'on lui donnait déjà lorsque, dans la langue religieuse des siècles passés, on l'appelait « la fille aînée de l'Église ».

§ III. — *Gloire industrielle de la France.*

Ta patrie est glorieuse par les armes, glorieuse par son histoire politique. Elle a su être glorieuse aussi dans la paix. Elle ne craint pas plus la lutte avec les autres nations, sous toutes les formes que cette lutte puisse prendre, que les armes à la main. Elle est industrieuse, elle est active et laborieuse ; elle ne craint aucune concurrence. Longtemps des douanes ont protégé son agriculture et ses fabriques ; longtemps on a cru que ces fabriques et cette agriculture avaient besoin d'être défendues contre les produits de l'étranger. Et puis un jour, il y a de cela vingt-deux ans, ces douanes se sont abaissées, la protection a disparu ; sur nos propres marchés, l'étranger a pu venir faire concurrence à nos produits. On prophétisait alors que c'était la ruine de la France, que nous étions incapables de nous défendre contre d'autres pays ou plus favorisés ou mieux outillés que le nôtre. Erreur, mon petit ami, sotte erreur et craintes vaines ! Cette lutte, la France était en état de l'aborder. Jamais, au contraire, la France n'a été plus prospère, n'a été plus riche que depuis ce jour. Et, depuis ce jour cependant,

de cruels revers sont venus. Il a fallu, pour payer notre rançon de vaincus, pour relever notre armée et refaire nos fortifications, ajouter de lourds impôts à tous ceux qui existaient déjà ; il a fallu imposer à notre agriculture et à notre industrie des charges que l'étranger ne supportait pas ; — et cependant ni notre agriculture ni notre industrie n'ont succombé ; elles soutiennent sans faiblir cette concurrence inégale, et vraiment tu ne vois pas que ton pays soit un pays pauvre, où ceux qui veulent travailler gagnent leur vie plus malaisément qu'ailleurs

C'est que ce pays ajoute aux bienfaits de la nature l'énergie de ses enfants; c'est que, chez nous aussi, abondent les hommes intelligents qui savent construire des machines, faire profiter le travail des découvertes de la science, suivre tous les progrès et quelquefois les devancer. Il n'est guère d'année où ne se voie ici ou là quelque exposition internationale qui met en présence tous les peuples, où des jurés impartiaux comparent l'œuvre de chacun et décernent des récompenses aux plus méritants. Eh bien! tu n'as pas à te plaindre, dans ton amour-propre de Français, de ces expositions. Partout tes compatriotes y ont fait noble figure, de partout ils sont revenus les mains pleines de prix.

§ IV.—*Gloire scientifique et artistique de la France*

Mais voici une autre gloire plus grande que l'industrie, si grande que soit l'industrie. C'est la science, c'est l'art, qui font l'honneur de l'espèce humaine.

Tu es bien jeune, mon enfant, pour que je te parle de la science et de l'art; ce n'est que quand tu seras homme tout à fait, dans quelques années d'ici, que tu pourras bien comprendre l'une et l'autre.

Sache seulement ceci dès aujourd'hui. Il y a deux choses que le genre humain poursuit depuis qu'il existe et qu'il ne se lasse pas de poursuivre : l'une est **la vérité**, l'autre est la beauté.

1° *Ce que c'est que la Science. — La Science française.*

Tu es né un certain jour dans un monde que tu ne connais pas; tu ignores et d'où tu viens et où tu vas; tu ne sais ni comment le blé germe, ni pourquoi les arbres, qui semblent morts en hiver, ressuscitent

soudain au printemps ; tu vis tout entouré de mystères.
Eh bien ! ces mystères dont les autres êtres vivent enveloppés sans chercher à les pénétrer, l'homme, qui
est curieux et dont cette curiosité est la gloire, s'est
proposé de les expliquer. Il a résolu d'arracher à la
nature ses secrets ; il l'observe, il la guette, il l'épie ;
il s'est juré de savoir. Voilà ce que c'est que la
science, et ceux-là sont les plus nobles entre les fils
des hommes qui ont le plus l'ardente passion de
savoir.

Aucun peuple n'a été plus que le tien tourmenté de
cette passion. Tout est problème pour nous, la nature
qui nous environne, les astres qui gravitent autour de
nous dans l'espace, le passé de l'humanité, nous-
mêmes, le plus obscur et le plus difficile à sonder des
problèmes. Beaucoup de ces problèmes ne sont pas
résolus encore, mais nul pays du moins n'a arraché
plus de secrets à l'immense inconnu qui nous entoure
que la France. Elle a produit des mathématiciens
comme Descartes, comme Fermat, comme d'Alembert,
comme Cauchy ; elle a produit des astronomes comme
Laplace, comme Arago, comme Leverrier ; elle a produit des physiciens, comme Ampère, comme Gay-
Lussac ; elle a produit des chimistes, comme Lavoi-
sier, le père de la chimie, comme Gerhardt, comme
M. Dumas, comme M. Berthelot ; elle a produit des
naturalistes et des physiologistes, comme Buffon, La-
marck, Bichat, Cuvier, Geoffroy Saint-Hilaire, Claude
Bernard, M. Pasteur ; elle a produit des philosophes,
comme Descartes et Pascal, comme Montesquieu, Au-
guste Comte, Littré ; elle a produit des historiens,
comme Voltaire, Augustin Thierry, Michelet, Guizot,
Thiers, Mignet. Ces noms, pour toi, ne sont guère que
des noms, mais tu sais au moins que ce sont de grands

noms. Informe-toi, et tu sauras si aucun autre pays pourrait opposer à ces noms autant de noms aussi grands, aussi glorieusement divers. Tous ceux-là sont tes compatriotes ; tous ont été des Français.

2° *Ce que c'est que l'Art. — L'Art français.*

L'homme n'est pas né seulement pour savoir. Il est né aussi pour admirer ce qui est beau. Et tu le sens bien assurément, tout enfant que tu es, lorsque le rayon d'un beau soleil, un jour de printemps, un vaste panorama que tu découvres d'une colline, le silence d'un beau soir, une cérémonie qui réjouit les yeux, le chant des cloches à l'heure de l'Angélus, éveillent en toi des sensations inconnues et mystérieuses. Tu te sens alors et meilleur et plus fort, tu oublies la fatigue et les ennuis ; tu es comme transporté dans un monde idéal et charmant. Eh bien ! toutes ces sensations exquises que nous donne la nature à certains moments heureux, il est au pouvoir de l'homme de les donner à l'homme plus vives encore et plus sûres ; ce bienfaiteur de l'humanité, il s'appelle l'Art. A ceux-ci il révèle ce qu'ils n'ont pas encore éprouvé ; à ceux-là il rend ce qu'ils ont déjà senti.

Tu le sais bien que ton cœur a battu plus vite lorsqu'un régiment a passé devant toi, au son du clairon ou du tambour ; tu le sais bien que tu as éprouvé un frémissement quand tu as entendu chanter la *Marseillaise ;* tu le sais bien que des vers appris à l'école se sont mis soudain à chanter dans ta mémoire et à t'élever au-dessus de toi-même ; tu le sais bien que des uniformes, des couleurs brillantes qui passaient devant tes yeux t'ont réjoui tout à coup aux fêtes du pays natal. Tout cela, mon ami, c'est le sentiment de la beauté qui s'éveillait en toi ; c'est le bienfait de l'Art, le grand consolateur de la vie humaine, le grand inspirateur de nobles sentiments.

Bénis soient les artistes à qui nous le devons ! — Les uns bâtissent les cathédrales, les hôtels de ville, et nous donnent la vue de magnifiques ouvrages de pierre ou de marbre, dont chacun jouit sans avoir à payer pour les voir : on les appelle les architectes. — Les autres reproduisent la figure humaine, les images des grands hommes qu'on élève sur les places publiques, ou bien ils représentent la beauté de l'homme ou de la femme, si bien rendue qu'on ne songe qu'à admirer : ils s'appellent les sculpteurs. — Les autres, avec l'aide d'un peu de

couleur, retracent sur une toile une scène de l'histoire, une scène de la vie ; ils nous font revoir ce que nos aïeux ont vu, ou voir ce que notre imagination peut rêver ; on croit assister à la réalité elle-même : ceux-ci se nomment les peintres. — Les autres, avec des sons, des instruments, le concours de la voix humaine, nous transportent et nous ravissent, tour à tour nous émeuvent ou nous égayent, nous bouleversent ou nous apaisent, font passer en nous tous les orages ou toutes les joies : ceux-là se nomment les musiciens. — D'autres enfin n'ont besoin ni de pierre

ni de marbre, ni de toile et de couleurs, ni d'instruments : la parole leur suffit pour nous remuer au fond
de nos entrailles. Ceux-ci parlent : nous les écoutons
et ils nous emportent comme maîtres de notre volonté :
ce sont les orateurs. Ceux-là fixent leur parole sur le
papier et l'imprimerie la reproduit à d'innombrables
exemplaires : ce sont les écrivains, les prosateurs et
les poètes. Nous les lisons et soudain leurs pensées et
leurs sentiments passent en nous : nous oublions la
réalité qui nous environne, nous vivons de leur vie ;
nous voyons apparaître devant nous les tableaux qu'ils
nous peignent ; nous assistons aux événements qu'ils
racontent ; nous devenons les personnages mêmes qu'ils
mettent en action ; notre âme s'éveille avec eux et par
eux. N'as-tu jamais compris combien étaient supérieurs
aux autres hommes ceux auxquels une telle puissance
a été accordée !

De ces bienfaiteurs de l'humanité, de ces gloires les
plus pures et les plus hautes qui soient, aucun pays
n'a été dépourvu : mais le tien, mon enfant, en est mieux
pourvu qu'aucun autre. Et ce qui le distingue surtout,
le voici : ce n'est pas dans un art seulement, c'est dans
tous qu'il a excellé. On a vu ailleurs des poètes et des
romanciers, mais on n'y a pas vu des peintres ou des
sculpteurs : ou bien on y a vu des peintres et des sculpteurs, mais on n'y a pas vu de musiciens : Ta race, à
toi, a senti et exprimé la beauté sous toutes les
formes.

C'étaient des Français, ces architectes inconnus qui
au moyen âge ont élevé à Rouen, à Chartres, à Paris, à
Beauvais, en tant de villes, d'admirables cathédrales ;
c'étaient des Français, ce Philibert Delorme qui a
construit les Tuileries, ce Perrault qui a fait la colon-
nade du Louvre, Suvée, Soufflot, Percier et tant d'autres.

— C'étaient des Français, ces sculpteurs, Jean Goujon,
Puget, Coysevox, Houdon, Rude, Pradier et tant d'autres — C'étaient des Français, ces peintres, Claude
Janet, Philippe de Champagne, Eustache Le Sueur, Nico-
las Poussin, Claude Lorrain, Mignard, Lebrun, Watteau,
Boucher, Largillière, David, Gros, Ingres, Géricault,
Delacroix, Decamps, Théodore Rousseau, Corot, Millet,
et encore et toujours tant d'autres. — C'étaient des
Français que ces musiciens, Rameau, Boïeldieu, Hé-
rold, Aubert : c'est un français que M. Gounod, l'un
des plus éminents compositeurs que le monde entier
admire à l'heure présente. — Et maintenant les noms
des orateurs, des poètes, des prosateurs les plus illustres
que la France a produits depuis trois siècles et demi
seulement, faut-il te les citer? Ceux-là, n'est-ce pas?
tu les connais déjà : Marot, Rabelais, Ronsard, Mon-
taigne, Malherbe, le grand Corneille, Bossuet, Molière,
Lafontaine, Mme de Sévigné, Racine, La Bruyère, Fé-
nelon, Saint-Simon, Montesquieu, Voltaire, Jean-Jac-
ques Rousseau, Diderot, Mirabeau, Chateaubriand,
Lamartine, Alfred de Musset, George Sand. Voilà les
morts ; entre les vivants, je veux t'en citer un seul : ce
vieillard de quatre-vingts ans qui s'appelle Victor Hugo.
Pas un pays ne peut citer de noms plus grands que
plusieurs de ceux-là. Aucun ne peut montrer tant de
gloires, ni de gloires plus diverses. On les connaît
partout au dehors : partout on est forcé de s'incliner
devant elles. Tu le vois bien, que ta patrie est une patrie glorieuse.

§ V. — *La gloire de la langue française.*

Et je vais te dire encore une dernière gloire de ton pays :
c'est sa langue. Elle est harmonieuse, elle est douce à

l'oreille, elle se prête tour à tour à exprimer les sentiments les plus fiers ou les nuances les plus fines de
l'esprit ou du cœur. Depuis la causerie la plus simple
jusqu'à la poésie la plus haute, jusqu'à la passion la plus
ardente, elle sait tout dire : elle a la grâce et la majesté.
Mais elle possède une qualité supérieure encore
à toutes celles-là. Elle est claire, nette et précise :
il n'en est pas où la pensée se montre plus à jour et où
l'on voie mieux ce que vaut une idée. Elle est l'ennemie de l'emphase, de la déclamation, du galimatias;
elle est impitoyable pour toutes les équivoques. Quand
on écrit dans d'autres langues, on peut quelquefois se
contenter d'être compris des autres s'ils en viennent à
bout : quand on écrit en français, il faut d'abord se comprendre soi-même.

C'est pour cela que la langue française est par
excellence la langue de la science : c'est pour cela
qu'elle a été choisie dans les divers pays de l'Europe
comme la langue internationale, la langue de la
diplomatie, la langue dans laquelle on rédige les
traités ; parce qu'elle est de toutes la plus lumineuse,
celle où l'on dit mieux ce que l'on veut dire, où il est
le plus difficile aux malhonnêtes gens de tromper les
autres.

Ce n'est pas par un heureux hasard que ta
langue a toutes ces qualités, mon enfant ; les langues
sont ce que les fait le génie du peuple qui les crée. Si
la tienne est harmonieuse et flexible, c'est que ta race
possède une oreille délicate et un esprit flexible; si
elle est forte, c'est parce que l'intelligence de ceux qui
la parlent et l'écrivent est robuste et saine; si elle
est claire et précise, c'est parce que ta race aime
avant tout la vérité. On ne lui ôtera point cette supériorité tant qu'elle gardera sa santé intellectuelle et mo-

rale. Cette belle langue, où tes pères ont mis leurs qualités les plus rares, t'aide à son tour à les conserver; en apprenant à parler français tu apprends en même temps à penser et à penser juste. Sois fier de cette langue, aime-la, respecte-la; avec celle que les grecs ont parlée aux temps anciens il n'en est pas une autre ussi belle.

CHAPITRE IV

La France est une patrie juste.

Voilà bien des raisons d'aimer ta patrie. Écoute encore. La meilleure je ne te l'ai pas dite. La France est plus qu'une patrie heureuse et privilégiée, plus qu'une patrie ancienne, plus qu'une patrie glorieuse. Elle est, entre toutes, la patrie des lois équitables et justes. Son vrai titre d'honneur le voilà !

§ I. — *La liberté de conscience.*

Ce qu'il y a de plus noble dans l'homme, c'est sa conscience. Son droit le plus sacré, c'est de croire ce qu'il croit; de pratiquer la religion qui lui semble être la vérité, de n'en pratiquer aucune si aucune ne lui semble être cette vérité. Peu importe que la majorité autour de nous ait une foi ou une autre : sa conscience appartient à chacun, et personne autour de nous n'a de droit sur cette conscience.

On t'a parlé, et tu les as admirés justement, de ces martyrs chrétiens des premiers siècles de notre ère qui aimaient mieux souffrir tous les supplices, être livrés en proie aux bêtes de l'amphithéâtre, plutôt que d'adorer ces dieux païens auxquels ils ne pouvaient croire. Ils mouraient vaillamment pour Jésus-Christ, pour leur Dieu. Ils ont été des héros.

Mais hélas! ce n'est pas seulement au nom des dieux du paganisme qu'on a fait des victimes humaines. Le christianisme, qui avait tant eu à souffrir de l'intolérance religieuse, s'est montré intolérant à son tour. Il avait proclamé la liberté de la conscience, et chez les autres il ne l'a pas toujours respectée.

L'*inquisition* a brûlé des milliers d'hérétiques, de juifs: on appelait ces bûchers des actes de foi, des *autodafés* en langue espagnole, et il y a un peu plus de cinquante ans seulement que le dernier de ces autodafés s'est allumé en Espagne. Ce n'est qu'après bien des difficultés qu'un juif a pu en Angleterre être admis, il y a trente années, au Parlement anglais à prêter serment non pas sur l'Évangile, mais sur la Bible. En Angleterre, être catholique est aujourd'hui encore une note fâcheuse. En Allemagne, en Russie, au moment même où j'écris, un mouvement d'une extrême violence vient d'éclater contre les juifs. En Allemagne ils sont dénoncés par une partie considérable de la population, une ligue se forme contre eux : il n'y a pour ainsi dire pas de juifs qui aient encore été admis à servir comme officiers dans l'armée allemande. En Russie on a vu quelque chose de pire : d'horribles massacres des Israélites sur lesquels l'autorité a fermé les yeux, dont les auteurs n'ont pas été punis.

Il n'y a vraiment qu'un pays en Europe où la liberté de la conscience existe tout entière, et soit protégée par les lois. Ce pays c'est le tien. Chez nous il n'y a plus de religion d'État, c'est-à-dire de culte officiel. Chacun croit ce qu'il veut, pratique ce qu'il veut, va à l'Église, au Temple, à la Synagogue, ou ne va nulle part. De ces choses, l'État ne se mêle point. Il connaît seulement des gens honnêtes et des gens malhonnêtes, de bons citoyens et de mauvais citoyens, des hommes capables et des hommes incapables. Catholiques, protestants, israélites, libres penseurs, tous ont les mêmes droits ; tous peuvent également entrer dans les écoles du gouvernement, pourvu que les examens leur soient favorables ; tous ont accès à tous les emplois, peuvent devenir préfets, généraux, députés, sénateurs. Leurs opinions ne regardent qu'eux seuls, et pour ces opinions il n'est permis à qui que ce soit de les inquiéter.

§ II. — *L'égalité dans la famille*

Voilà une première loi juste : en voici une seconde qui ne l'est pas moins. Dans la famille, tous les enfants sont égaux. Tous sont sur le même rang, comme il convient entre frères et sœurs. Rien ne te semble plus naturel que cette égalité, accoutumé que tu es par les lois de ton pays à la voir pratiquée partout. Il te semble que la nature même l'enseigne et qu'elle doive être la règle partout. Détrompe-toi, mon enfant : cette iniquité qui te paraît révoltante est tout justement la loi de beaucoup des pays qui environnent le tien.

En Angleterre, ce pays si digne d'être admiré à tant d'égards, le droit d'aînesse existe toujours. C'est le fils aîné qui hérite de la fortune des parents ; et s'il est bon pour les autres enfants, s'il pourvoit d'une petite dot ses sœurs, s'il vient au secours de ses frères pour faciliter leur instruction ou leur établissement, il n'est pas seulement quitte de ce qu'il doit, il est un frère généreux et que tous doivent bénir. Il est riche et les autres restent pauvres ; il brille pendant que le reste de la famille demeure dans la médiocrité ; n'importe ! les lois et les mœurs sont si bien d'accord que personne ne songerait même à l'accuser.

Que dirait ta conscience à toi d'un pareil état de choses ? Si tu étais l'aîné, tu aurais des remords, tu te considérerais comme un criminel de profiter de ces avantages. Si tu n'étais pas l'aîné, si tu étais le frère cadet ou le beau-frère, dis-moi, quelles révoltes et quelles colères gronderaient au fond de ton cœur !

§ III. — *L'égalité civile.*

Ce n'est pas l'égalité dans la famille seulement que t'ont donnée les lois de ton pays; c'est l'égalité de tous les hommes dans l'État, cette égalité qu'on nomme l'égalité civile. Il y a encore dans ton pays des hommes qui s'appellent nobles, et qui ajoutent à leur nom de famille un titre, une particule ou le nom d'une terre. Leur vanité y trouve satisfaction. Mais à part cette satisfaction de la vanité qui n'est plus aujourd'hui que ridicule, quel avantage réel y trouvent-ils? Aucun.

Si la faveur peut de temps en temps quelque chose encore pour eux — et je t'accorde que cela est fâcheux, — la loi du moins ne reconnaît entre eux et toi aucune différence. S'ils possèdent des terres, ils payent l'impôt sur ces terres exactement comme tu le payes sur les tiennes. S'ils veulent se marier, il faut qu'ils aillent à la mairie, tout comme le plus simple ouvrier ou le plus humble paysan. La conscription les appelle le jour où ils arrivent à vingt ans, tout comme elle appelle les autres Français. S'ils ont signé un billet et qu'ils refusent de le payer, l'huissier verbalisera contre eux, tout comme il verbaliserait contre n'importe quel roturier. S'ils ont un procès à soutenir, ils auront à comparaître devant le même juge de paix, les mêmes magistrats qui jugent les procès de tous les citoyens. S'il en est besoin, le gendarme leur mettra la main au collet, absolument comme à tout autre individu. Et si, par un malheur, ils ont commis un crime, ce ne seront pas douze nobles comme eux qui prononceront sur leur destinée; non, ce seront douze citoyens choisis par le sort sur la liste du jury, les mêmes qui, la veille ou le lendemain, ont jugé et jugeront un bandit de grande route, un incendiaire ou un faussaire : s'ils sont condamnés, leur tête tombera sous le couteau égalitaire de la guillotine, comme celle du dernier des misérables. Il n'y a devant la loi française ni privilèges de la naissance ni privilèges de la fortune. Va donc voir en Angleterre, va donc voir en Allemagne, va donc voir en Autriche ou en Russie, si tu trouveras rien qui ressemble à cette justice parfaite !

§ IV. — *L'égalité politique.*

Et voici le dernier et le plus noble trait de cette justice sociale. Tu n'es pas seulement l'égal de tout autre homme par tous les droits civils; tu es son égal aussi par les droits civiques, par les droits politiques.

Ton pays fait de toi un citoyen comme il en fait un homme. Le jour où tu auras vingt et un ans, il fera de

toi un électeur, c'est-à-dire un homme qui vote ; le jour
où tu auras vingt-cinq ans, il fera de toi un éligible,
c'est-à-dire un homme pour lequel on peut voter.
Tu n'auras pas plus besoin de la fortune pour être
éligible que pour être électeur.

Sache-le bien, ton pays est presque le seul en ce
monde où il en soit ainsi. En certains pays, on considère que la naissance seule ou la fortune donnent le
droit d'avoir une opinion sur les intérêts de la
patrie ; ailleurs on accorde aux petits, aux pauvres, le
droit d'exercer une influence sur les affaires de la commune, mais non pas sur celles de l'État ; on les regarde
comme des mineurs qui ont besoin de vivre sous une
tutelle. Ton pays a mieux espéré de toi, qui que tu
doives être ; il t'a donné tous les droits, quel que fût
ton rang ; il a voulu que dans les lois de la patrie, que
dans la politique tant extérieure qu'intérieure, rien ne
se fît malgré toi ni sans toi. Tu seras bien ingrat en
vérité si tu ne trouves pas que cette patrie mérite d'être
aimée !

§ V. — *Depuis quand la France possède-t-elle des lois justes ?*

Ces lois justes, les plus équitables que puisse avoir
une nation, la tienne même ne les a pas eues toujours.
Ce n'est pas sans de longues luttes, sans de violents
efforts qu'elles ont été établies. Il n'a pas toujours été
permis en France de pratiquer librement la religion
que l'on croyait la religion véritable. On y a puni de
mort ou brûlé pendant de longs siècles les hérétiques,
comme on les brûlait ailleurs. Les guerres de religion

ont, en France aussi, fait couler des flots de sang. On t'a
raconté les abominables massacres de la Saint-Barthé-
lemy. Un jour, il y aura de cela bientôt deux cents
ans, un roi de France, Louis XIV, révoqua cet édit de
Nantes qui avait accordé aux protestants le droit d'être

chrétiens comme ils voulaient l'être. Il leur fallut ou
abjurer ou s'exiler, et tu sais combien leur exil ap
pauvrit la France d'alors. Pendant tout un siècle encore
ils furent persécutés, traqués, mis à mort, envoyés sur
les galères comme des criminels, jetés en des prisons,
lorsqu'on les surprenait en quelque désert en train de
réciter des psaumes ou d'écouter le prêche d'un pasteur : ils ne pouvaient se marier légitimement, car
l'église alors faisait seule les mariages légitimes; les
enfants ne pouvaient hériter de leurs parents. La condition des juifs n'était pas meilleure. Malheur à l'écri-
vain qui attaquait la religion catholique, reconnue
comme religion de l'État ! Ses livres étaient brûlés
par la main du bourreau. La fuite seule pouvait le dérober à la prison ou même à la mort.

1° Œuvre de la Révolution de 1789 : la liberté de conscience, l'égalité dans la famille, l'égalité civile

Depuis combien de temps est-il permis à tout Français d'obéir librement à sa conscience et de ne craindre personne en lui obéissant? Depuis combien de temps un catholique, un protestant, un israélite, un libre penseur, ont-ils des droits égaux et peuvent-ils également prétendre à tous les emplois? — Depuis moins de cent ans, depuis la révolution française de 1789.

L'égalité dans la famille n'a pas toujours existé en France non plus. Depuis combien de temps le droit d'aînesse n'existe-t-il plus chez nous? Depuis combien de temps le père ne peut-il plus frustrer ses enfants de leur part d'héritage au profit d'un seul? — Depuis moins de cent ans, depuis la révolution de 1789.

L'égalité civile n'a pas toujours existé davantage. Tu l'as appris : il y avait au moyen âge parmi nous, des seigneurs et des manants, des nobles et des vilains. Longtemps le paysan, le serf, a été attaché à la terre et on le vendait avec elle, comme un arbre ou un bœuf.

Longtemps il a dû la dîme au curé, au seigneur toutes sortes de redevances et d'hommages. Longtemps il n'a pas été soumis aux mêmes lois, ni jugé par les mêmes juges. En cas de condamnation capitale, on tranchait la tête du noble, ce qui était un signe d'honneur ; on pendait le vilain, et chasser ou braconner était pour le vilain un crime capital. Depuis quand n'y a-t-il plus des juges différents pour juger les gens d'Église, les seigneurs et le petit peuple ? Depuis quand tous ont-ils également à payer l'impôt, quels que soient leur rang et leur naissance ? Depuis quand tous peuvent-ils également prétendre à tous les emplois et les honneurs ? Depuis quand tout soldat porte-t-il, comme on l'a dit. dans sa giberne son bâton de maréchal de France ? Depuis quand, enfin, tous les privilèges ont-ils disparu ? — Depuis moins de cent ans toujours, mon enfant, depuis la révolution de 1789.

Elle a été terrible, cette révolution. Exaspérée par les résistances qui lui faisaient obstacle, elle a versé bien du sang. Puissent de tels jours ne jamais revenir ! Mais, en somme, elle combattait pour la cause juste, et. te souvenant de ses bienfaits, tu ne la maudiras jamais

2° *Œuvre de la République de 1848 : le suffrage universel.*

Et depuis quand, enfin, l'égalité politique existe-t-elle en France ? Depuis quand le vote d'un Français est-il l'égal du vote d'un autre Français? Depuis quand chacun, à vingt et un ans, devient-il citoyen, électeur, bientôt éligible ? Depuis quand la naissance, la fortune, les titres ne font-ils plus du suffrage, c'est-à-dire de l'influence politique, le privilège de quelques-uns seulement ? Ici la date est plus récente encore. C'est depuis la seconde république, depuis 1848 seulement. La première révolution avait donné aux Français comme don de joyeux avènement l'égalité religieuse et civile : la seconde leur a conféré l'égalité politique.

§ VI. — *Pourquoi la révolution de 1789 et celle de 1848 ont réussi.*

Si tu ne regardes que les apparences, il te semblera que c'est depuis un temps relativement court que ta patrie possède toutes ces lois si justes ; mais si tu sais voir un peu loin dans les choses humaines, si tu étudies l'histoire, voici ce que tu verras. C'est que depuis bien longtemps la France aspirait à ces lois justes.

Pourquoi se sont-elles faites chez nous et non pas ailleurs ? La raison, je vais te la dire : c'est parce que, durant des siècles, la conscience de nos pères n'avait cessé de les appeler. Fais-leur donc une part dans ta reconnaissance, à ces générations depuis si longtemps endormies !

Tes ancêtres ont vu pendant bien longtemps des persécutions exercées au nom de la religion ; mais une voix secrète leur disait au fond du cœur que cet état de choses n'était pas juste, que la conscience est libre ; — et ils n'ont point eu de relâche que les droits de la conscience ne fussent reconnus. Tes pères ont souffert pendant bien des générations de l'oppression féodale, de la tyrannie des seigneurs, riches et prenant de la vie le meilleur simplement parce qu'ils étaient nés dans un château au lieu d'être nés dans une chaumière ; mais quelque chose leur disait au fond du cœur que cet état de choses n'était pas juste et qu'un homme en vaut un autre, — et, au lieu de s'incliner et de se soumettre comme d'autres le faisaient, ils ont protesté. Ils le demandaient dès le temps du moyen âge. Ils disaient :

Quand Adam bêchait,
Quand Ève filait,
Où donc était le gentilhomme ?

Et ils ont commencé par faire alliance avec le roi de France, seul assez puissant alors pour les débarrasser de la tyrannie des seigneurs, pour imposer à tous sa loi. Puis ils se sont aperçus que ce n'était pas pour eux, mais pour lui-même que le roi de France avait abattu la féodalité, qu'il voulait être seul le maître et n'avoir au-dessous de lui que des sujets. Alors ils se sont retournés contre ce maître à son tour, et tous ensemble ils l'ont vaincu. Ils ont fait disparaître du même coup et son pouvoir souverain qu'il prétendait tenir de Dieu même, et tous les privilèges qu'il avait maintenus en faveur de la noblesse et du clergé. Voilà en quelques lignes toute l'histoire intérieure de la France depuis sept siècles, mon enfant. — Et quand ils ont eu conquis la liberté religieuse et la liberté civile, ils ont senti aussi, tes pères, que tout Français devait avoir des droits égaux dans la direction des affaires de ton pays, que cela aussi était juste : et le suffrage universel est venu à son tour. Ainsi toute autre réforme qui semblera justifiée à la conscience triomphera à son tour chez nous, car c'est là le premier amour de ton pays : la justice. S'il est en république aujourd'hui, c'est que de tous les gouvernements le plus juste c'est la République, où tous font les affaires de tous, où nul n'a d'autre maître que la loi.

§ VII. — *Pourquoi le 14 juillet est la fête nationale de la France moderne.*

Et maintenant je puis te bien faire comprendre pourquoi cette date du 14 juillet a été choisie pour la fête nationale, la fête de la Patrie.

Il y avait, dominant Paris, voilà quatre-vingt-treize ans encore, un sombre donjon, aux épaisses murailles : c'était la Bastille. Ce n'étaient pas les magistrats qui, au nom de la loi, y envoyaient des criminels destinés à être jugés bientôt : non, la Bastille était la prison du « bon plaisir » royal.

Qu'un homme eût déplu au roi, à une favorite, à un courtisan aimé du maître, il n'était besoin de rien de plus ; une « lettre de cachet » était signée : l'homme

était appréhendé, mis à la Bastille. On ne l'interrogeait pas, on ne cherchait pas s'il était innocent ou coupable, on ne lui faisait pas son procès : il restait là jusqu'au jour où, le caprice du maître ayant changé, on se souvenait de lui pour lui rendre la liberté sans lui dire pourquoi on la lui rendait, à moins qu'il ne fût mort dans son cachot auparavant. Des malheureux sont restés là trente années.

Un jour enfin, le 14 juillet 1789, le peuple de Paris soulevé cria tout entier : « A la Bastille ! » Il prit d'assaut la citadelle ; il souilla d'un massacre sa victoire, comme le font trop souvent les soulèvements populaires. « C'est donc une émeute ? » dit le roi en apprenant à Versailles la nouvelle. Une voix lui répondit : « C'est plus qu'une émeute, sire ; c'est une révolution. » C'était bien une révolution en effet ; c'était la fin d'un temps et le commencement d'un autre.

La Bastille personnifiait en quelque sorte tous les abus du despotisme, le caprice d'un homme, la volonté d'un seul disposant de la vie et de la liberté de tous ; la Bastille détruite, c'était la fin de ce pouvoir absolu d'un homme, la loi désormais seule maîtresse de tous, le lent effort vers la liberté de vingt-cinq générations aboutissant enfin et faisant son explosion soudaine, la justice sociale prenant enfin possession de toutes nos institutions. Voilà ce que signifiait la prise de la Bastille ; voilà ce que fêtaient un an plus tard les représentants de toute la France à la Fédération, dans le Champ de Mars, devant l'autel de la Patrie ; voilà ce que nous fêtons aujourd'hui encore : l'avènement de la Justice !

CHAPITRE V

La France est la patrie généreuse entre toutes.

Ai-je fini ? Pas encore. Et voici, mon enfant, un trait qu'il faut ajouter, car c'est le plus beau et le plus noble de tous. Ta patrie n'est pas seulement une patrie juste, elle est une patrie fière et généreuse.

§ I. — *La race française est brave.*

La race à laquelle tu appartiens est une race brave. Elle ne craint pas le péril, elle ne craint pas la mort ; mais il est une chose qui lui fait horreur, c'est la lâcheté. Il n'y a pas pour un Français une épithète plus flétrissante que celle de lâche : ce mot seul fait monter la rougeur aux joues. Le soldat qui déserte ou fuit le champ de bataille, l'homme qui, abusant de sa force physique, frappe une femme, l'homme qui subit un affront sans se révolter, celui-là, quel qu'il soit, est considéré chez nous comme un être sans honneur, indigne de vivre. Quand il tend la main, les braves gens refusent de la serrer : ils ont raison, car celui-là s'est dérobé au moment venu pour lui de prouver qu'il était digne du nom d'homme.

Et tu le sais bien déjà, petit enfant que tu es : si à l'école tu as reçu des coups sans te défendre, si tu as eu peur surtout d'un plus grand que toi, si tu n'as pas défendu ta dignité, tu sais bien que tes camarades t'ont méprisé, qu'ils t'ont infligé l'épithète de lâche et de « capon ». Mais cette injure-là, tu n'as pas voulu ni ne voudras la subir : tu t'es défendu et tu te défendras comme un petit lion, aimant mieux être vaincu qu'être déshonoré. Il n'y a pas de honte à être le plus faible ; mais il y a de la honte à n'avoir pas de cœur.

Il existe, chez les femmes aussi bien que chez les hommes de notre pays, ce sentiment de la bravoure! Les femmes de ton pays sont belles, tu le sais déjà, et tu le sentiras mieux encore dans quelques années d'ici. Tu trouveras parmi elles la jeune fille que tu aimeras, qui t'aimera, avec laquelle tu fonderas une famille

nouvelle. Mais sache-le bien : elle ne t'aimera que si tu es digne d'être aimé, c'est-à-dire courageux. Elles sont actives et laborieuses, elles sont sensées, les femmes et les jeunes filles françaises; aucune femme ne ressemble plus à la femme forte dont a parlé l'Ecriture. Elles sont de bonnes ménagères, des épouses fidèles, des mères dévouées : nul sacrifice ne leur coûte ; mais retiens bien ce qu'elles sont d'abord : elles sont des créa-

tures vaillantes. Elles veulent chez l'homme la vaillance. Il n'est pas de mère qui n'aimât mieux voir son fils mort que déshonoré. Un jeune homme qui s'est soustrait au service militaire, un soldat qui a reculé devant son devoir, peuvent être aussi beaux et aussi riches qu'ils voudront : ils sont sans honneur aux yeux des femmes et des jeunes filles. Si elles aiment l'uniforme militaire, c'est que pour elles uniforme est synonyme de courage. Elles ont été de tout temps de

bonnes et nobles patriotes : c'était une femme que
Jeanne d'Arc, une femme que Jeanne Hachette. Vivan-
dières, sœurs de charité, infirmières laïques, on a toujours trouvé les femmes au premier rang pour s'exposer
sur les champs de bataille, pour soutenir les combattants, pour relever et panser les blessés, pour affronter
la mort violente ou les dangers des maladies conta-
gieuses. Tu ne rendras jamais assez justice aux femmes
de ton pays. Ah! mon enfant, quels exemples elles ont
donnés en 1870, durant le terrible siège de Paris!
Comme elles ont supporté les privations, bravé les
périls, enflammé les cœurs! Seras-tu moins vaillant
qu'elles, toi qui es un homme, toi dont le rôle est de
protéger et non pas d'être protégé?

§ II. — *La race française est fière.*

Ta race n'est pas seulement une race brave; elle est
une race fière. Le mot honneur est presque un mot
tout français. Non seulement le Français veut vaincre,
mais il veut vaincre par des armes loyales, regardant
un ennemi bien en face et lui disant, avant même de
le combattre, qu'il voit en lui un ennemi. Le peuple
français est sincère, et c'est de son nom qu'on a fait
ce beau mot, la franchise. Il est chevaleresque ; il ne
veut pas qu'aucun homme prenne sur un autre un
avantage qu'il ne pourrait prendre qu'au détriment de
sa probité et de son honneur. Il voit là une forme de
la lâcheté.

Ce qu'il hait par-dessus tout, c'est le mensonge, c'est
l'hypocrisie, ces vices odieux, qui tous viennent d'un
manque de courage. Lâche, celui qui, à l'école, dénonce
un voisin pour échapper lui-même à une punition ;

lâche, celui qui se fait l'espion de ses camarades, pénètre dans leur confiance et rapporte au maître, pour se faire bien voir, ce que lui ont livré des confidences. Tu sais de quel mépris celui-là est l'objet et, lorsqu'il est découvert, s'il y a assez de coups pour lui. Lâche, celui qui, à l'atelier, consent à surveiller sans être chargé de surveiller, à espionner, qui guette les conversations et les rapporte au patron, pour nuire dans l'ombre à ceux-ci ou à ceux-là. Lâche, celui qui s'insinue habilement dans l'intimité du patron, le flatte et le cajole, avec l'arrière-pensée de s'emparer de ses secrets, de le trahir à son tour, s'il est possible, et de le supplanter. En tel autre pays, tout cela passe pour chose légitime,

pour habileté; on est presque fier d'avoir réussi par ces moyens; en France, il n'y a qu'un mot pour qualifier ces actes : lâcheté!

Cette fierté va si loin, mon enfant, que, même en temps de guerre, même contre un ennemi de la patrie, si redoutable qu'il soit, l'espion en France a mauvais renom. C'est la patrie qu'il sert, c'est à elle qu'il se dévoue, c'est pour elle qu'il risque de mourir et d'une mort ignominieuse, fusillé par derrière. Il en faut pourtant à la guerre, des espions! *L'espion peut être un héros de patriotisme.* N'importe! Il commence par être un menteur, il se dérobe, il se déguise, il s'applique à tromper, il est louche et faux. Il combat en dessous au lieu de combattre à ciel ouvert, à visage découvert. C'est assez pour qu'en France ce mot d'espion sonne mal.

Nous en avons vu par centaines, durant la dernière guerre, des espions allemands : ils étaient venus chez nous au temps de la paix ; ils se disaient nos amis, ils nous prodiguaient les démonstrations affectueuses alors qu'il nous haïssaient au fond du cœur. Et pendant ce temps ils préparaient la vengeance ; ils relevaient les plans de nos citadelles, ils examinaient le pays, ils s'enquéraient des fortunes pour savoir quelle contribution de guerre pourrait être levée ici et là. Nous autres naïfs, nous ne nous doutions de rien. Même après cette expérience, nous ne les imiterons pas.

Nous ne savons pas feindre des sentiments religieux qui ne sont pas les nôtres, et Tartuffe nous semble le dernier des misérables; nous ne savons pas feindre, même par intérêt, des sentiments politiques qui nous répugnent; nous ne savons pas faire bon visage à ceux que nous haïssons et leur prodiguer de menteuses protestations d'amitié. Ce que nous pensons, nous le disons tout haut. Nous sommes une race fière parce qu'elle est brave, et cette fierté, si dangereuse qu'elle puisse être, nous n'y renoncerons pas!

§ III. — *La race française est généreuse.*

On n'est pas un peuple fier sans être un peuple généreux, car c'est du cœur que vient la générosité comme c'est de lui que vient la vraie fierté. Quand un malheureux tombe à l'eau et qu'il est prêt à se noyer, il ne faut guère qu'un peu d'humanité pour appeler au secours ; mais celui qui a vraiment du cœur seul entreprend de le sauver. Il ne voit qu'une chose : c'est qu'il y a un homme prêt à périr et qui va succomber si on ne lui vient en aide. Ta patrie a toujours été cet homme généreux qui ne peut voir périr un autre homme sans essayer de le sauver.

1° *La France a toujours, quand elle l'a pu, protégé les faibles.*

La France a senti de tout temps s'éveiller en elle une immense pitié à la vue de toute souffrance. Toute oppression l'a révoltée comme si elle-même en eût pâti. Elle s'est toujours volontiers oubliée elle-même, trop oubliée même pour se souvenir des autres. Chaque fois qu'elle a été forte et puissante, elle est accourue au secours des faibles qui l'appelaient. C'est elle qui, en ce siècle, a le plus fait pour arracher les Grecs révoltés au sabre de la Turquie. C'est elle qui s'est dévouée à délivrer du joug autrichien les Italiens, a fait l'unité de leur péninsule. Ils l'en récompensent singulièrement aujourd'hui ! Que te dirai-je ? Jusque dans la guerre de 1866 entre l'Autriche et la Prusse, c'est pour la Prusse qu'étaient presque toutes les sympathies françaises. Nous ne songions pas au lendemain ; nous ne voyions qu'une chose, c'est qu'il y avait là une race qui poursuivait son unité nationale et que tel était son droit et il nous semblait aussi que la Prusse était le faible qui luttait contre le fort.

Nous en avons bien couru de ces aventures depuis que notre patrie existe ! Bien des fois nous nous sommes mis en péril pour des intérêts qui n'étaient pas les nôtres. Nous avons été les chevaliers errants des causes qui nous semblaient de belles causes ; nous avons prodigué pour d'autres notre sang et notre argent. Nous sommes payés désormais pour être prudents ; mais de cette générosité naturelle nous ne nous corrigerons pas ; et malheur à nous si nous nous en corrigions trop bien ! Nous restons le pays capable d'héroïsme et seul capable d'héroïsme. C'est quand la France était abattue au siècle dernier qu'a pu se consommer cette iniquité du partage de la Pologne. Et tu connais le cri de désespoir des Polonais expirants : « Dieu est trop haut et la France est trop loin. »

La France a toujours été hospitalière ; elle a toujours accueilli les vaincus et les proscrits. Il y a deux années un homme avait été arrêté à Paris : il était accusé d'avoir trempé dans une conspiration contre l'empereur de Russie. Certes, nous avions tout intérêt à nous concilier, en le livrant, l'amitié de la Russie,

notre naturelle alliée contre l'Allemagne, dont nous avions naguère éprouvé les bons offices. La France crut cependant qu'il y avait quelque chose de supérieur à l'intérêt, à savoir son honneur ; elle a expulsé le

conspirateur, elle ne l'a pas livré à ceux qui le réclamaient.

2° *La France a toujours pensé aux intérêts de l'humanité.*

La France ne s'est pas bornée à défendre les faibles
et à les secourir ; elle a toujours eu devant les yeux
cette grande pensée : être utile au monde, servir les
grands intérêts de l'humanité, faire régner partout
comme chez elle la justice. Nos pères résumaient leur
histoire en ces mots latins : *Gesta Dei per Francos*, « Ce
que Dieu a fait par les Français. » Nous disons la
même chose dans la langue de notre temps quand nous
disons que la France est « le soldat de la civilisation ».
Nous ne songeons pas à notre bien seulement, nous
songeons à celui de tous les hommes. Nous avons fait la
guerre à la traite des malheureux nègres, qu'on achetait
sur les côtes d'Afrique pour aller les revendre dans le
Nouveau monde, alors que nous pouvions trouver nous-
mêmes profit à ce trafic ignoble. Nous avons proclamé
l'abolition de l'esclavage, alors que nos propres colonies
bénéficiaient de cet esclavage. Nous avons donné la
liberté aux esclaves : nous leur avons accordé tous les
droits des autres hommes, nous avons fait d'eux des
citoyens et des électeurs. Auparavant déjà, nous avions
déclaré que tout esclave qui touchait une terre française redevenait libre par ce seul fait. D'autres pays
ont, même avant nous, proclamé certaines libertés ; mais,
en les proclamant, ils ne songeaient qu'à eux seuls ; ils
sentaient même une secrète fierté à jouir de biens dont
les autres restaient privés, dont eux seuls s'estimaient
dignes. Tel a été le cas des Anglais, lorsqu'ils ont

fait leur « Grande Charte » et leur fameux bill de l'*Habeas corpus*. Cet égoïsme et cet orgueil, la France ne les a jamais connus. Elle a voulu que l'humanité tout entière profitât de ses progrès.

Quand nos pères de 1789 ont promulgué cette fameuse Déclaration qui est désormais notre Charte, la base de toutes nos institutions, ils ne l'ont pas intitulée la *Déclaration des droits du Français*, ils l'ont intitulée la *Déclaration des droits de l'homme et du citoyen*, proclamant ainsi que l'homme, quelque part qu'il soit né et quelle que soit sa couleur, est également homme, qu'il possède la même dignité et que les mêmes droits essentiels lui appartiennent. Cette Charte-là, vois-tu bien, on aura beau faire, tôt ou tard elle deviendra la charte du monde entier ; elle portera partout l'affranchissement. On n'ôtera pas à ton pays l'honneur de l'avoir promulguée.

Et c'est pourquoi, si tu vois quelque chose de plus grand que ta Patrie même, si grande qu'elle soit, si tu veux aimer et servir la cause de l'Humanité tout entière, je n'ai qu'un mot à te dire : « Aime et sers la France, ta patrie ! » Ce n'est que par elle que tu peux servir utilement l'Humanité. L'Europe serait décapitée si jamais la France cessait d'être ou n'existait plus qu'humiliée. La justice et le progrès ont besoin qu'elle reste grande, respectée, forte. Et vraiment à l'heure qu'il est, depuis douze années, le monde entier se ressent de son impuissance passagère ! Tu ne peux être un bon citoyen du monde, qu'à la condition d'être un bon Français. Tout ce que l'on pourra te dire d'autre n'est que folie et mensonge !

———

CHAPITRE VI

Dernier mot.

Tu la connais maintenant la France. J'ai dû, dans ce rapide exposé, abréger bien des choses, j'ai dû en supprimer quelques autres, qu'il était difficile d'expliquer à ta jeunesse ; mais le principal tu le sais.

Si tu apparaissais soudain, à l'âge où te voici, dans l'humanité, si tu avais alors à choisir une patrie, désireux seulement de choisir la meilleure : si, assis sur quelque nuage, tu pouvais voir devant toi la carte du monde étalée, chaque pays se montrant à toi tel qu'il est, avec son climat, son passé, son présent, ses mœurs, ses institutions, ses lois : — eh ! bien, je ne serais pas inquiet ! Après avoir vu et comparé, c'est la France que tu choisirais pour patrie, toute vaincue qu'elle soit aujourd'hui. Tu t'écrierais : « Oui, c'est là la patrie noble entre toutes ; c'est là que je veux vivre et être homme ! » Ce n'est pas un Français, c'est un étranger, Jefferson, qui lui a rendu ce témoignage : « Tout homme a deux patries : le pays où il est né, et la France. »

Tu n'as pas besoin, toi, d'avoir deux patries ! La terre où tu es né, c'est la France : elle est ton bien, car tu l'as reçue en héritage de tes pères.

Écoute un dernier mot. Elle n'est point sans reproche, cette France. Personne n'est sans reproche, — ni les hommes, fût-ce les meilleurs, ni les nations, fût-ce les plus grandes. La France a de graves et insupportables défauts, dont aucune leçon ne l'a bien corrigée. Elle est légère, vaniteuse, téméraire dans la bonne fortune prompte à s'abandonner dans la mauvaise. Elle a été querelleuse souvent, arrogante plus d'une fois, injuste à l'occasion. Elle aussi a abusé de la force contre des faibles, accablé et opprimé, fait sentir au vaincu le poids de son talon. Elle t'a fait sa confession sans réticence quand les maîtres te racontaient son histoire.

Dis-moi, ne l'as-tu jamais vue apparaître devant toi?

e l'as-tu jamais entendue te dire : « Oui, mon enfant, j'ai été plus d'une fois vaine, imprudente, coupable. Je ne te cache rien de mes fautes ; je les ai toujours expiées durement. Mais avec tout cela je suis la France ! Je suis a terre heureuse, je suis la patrie ancienne et glorieuse, je suis la patrie des lois justes, je suis la patrie vaillante, fière et généreuse ! Maintenant que tu sais bien qui je suis, dis-moi si tu voudrais une autre mère !... » Si tu ne l'as jamais encore entendue te parlant ainsi, entends-la en ce moment. Que lui répondras-tu, sinon ces mots;

« Mère chérie, la plus digne d'être aimée des mères, ton fils t'appartient ; tu n'auras pas à rougir de lui ! »

Prête-le dans ton cœur, ce serment d'amour ; prête-le dès aujourd'hui ! Plus tu grandiras, mieux tu comprendras toutes les nobles choses qu'enferme le seul nom de France ; plus tu le renouvelleras, par un libre consentement, ce serment d'amour et de fidélité ! Mais ce n'est pas là un vain serment, sache-le bien. Il t'imposera, il t'impose déjà de grands devoirs : si tu étais capable de reculer devant eux, il se dresserait au fond de ta conscience pour flétrir ta lâcheté.

Je t'ai montré pourquoi il faut aimer la Patrie, pourquoi tu dois, toi surtout, aimer la tienne. Il faut te dire maintenant ce que c'est qu'aimer **sa patrie**, ce que la France veut de toi.

DEUXIÈME PARTIE

LES DEVOIRS ENVERS LA PATRIE

PRÉAMBULE

Tu vois autour de toi des vieillards : ils ont eu jadis la jeunesse et la force. Ils ont eu des cheveux noirs avant des cheveux blancs. Leur corps a été robuste, leur esprit plein de courage. Ils ont travaillé et peiné, ils ont fait leur rude journée de travail. Ils sont cassés et faibles maintenant ; ils se reposent en attendant le jour où ils iront rejoindre dans la mort tous ceux qu'elle a pris avant eux.

Tu vois ton père, ta mère, tes oncles et tes tantes pleins de force, et qui ne s'épargnent point à la besogne. Ils vieilliront à leur tour, ils perdront leurs forces, leurs cheveux blanchiront, leurs membres se casseront : tout cela arrivera bien vite. Tu seras grand alors, tu seras fort, tu seras un homme à ton tour, en attendant qu'à ton tour tu déclines et que d'autres que tu auras vus tout petits soient aussi devenus les forts. La vigueur nous est prêtée à tous pendant quelques années et puis elle passe à d'autres et à d'autres toujours.

Les vieillards que tu vois ont porté la patrie pendant qu'ils étaient jeunes et vigoureux ; ce sont tes aînés arrivés à l'âge d'homme qui la portent aujourd'hui ; ce sera à toi de la porter demain. Puisses-tu alors être plus heureux, plus vaillant, plus fort, que ceux qui t'ont précédé les derniers ! Puisses-tu la mieux défendre que nous ne l'avons défendue ! Puisses-tu mieux t'acquitter envers elle de tous tes devoirs que nous ne l'avons fait !

Quand tu sauras bien notre récente histoire, tu nous jugeras peut-être avec quelque indulgence. Tu verras que, si nous avons été coupables, nous avons été plus malheureux encore. La France que nous te transmettrons n'en est pas moins une France vaincue, humiliée, mutilée ; c'est toi seul, probablement et non pas nous qui pourras la relever. Sais-tu la vraie cause de nos malheurs ? C'est que nous n'avons pas connu à temps ce qu'étaient nos devoirs envers la Patrie, et ne les connaissant pas assez, nous n'étions pas bien préparés à les remplir. Il a fallu de terribles désastres pour nous ouvrir les yeux tout grands. Depuis douze années nous nous appliquons à réparer ces désastres, à panser les plaies de la France, à guérir la pauvre blessée.

Mais c'est en toi qu'est notre espérance. Le jour de la revanche, peut-être nous ne le verrons pas. Si nous le voyons, nous serons trop vieux probablement pour y jouer notre rôle. Nous ne serons que les témoins du bon combat. Ce jour-là, nous ne pouvons que le préparer en te faisant une âme forte et vaillante, en te mettant aux mains des armes solides et dont tu sauras te bien servir.

Ecoute donc, cher petit Français, écoute, et retiens bien ce que te demande la Patrie.

Elle te demande deux choses : d'être un bon citoyen

et d'être un bon soldat. Pour qu'elle soit prospère et forte, l'un n'est pas moins indispensable que l'autre. Sois un bon citoyen au dedans, sois un bon soldat contre l'étranger et l'ennemi.

Ce qui fait que la Patrie est grande et forte, ce n'est pas son nom : ce n'est pas la France qui peut faire de grandes choses ni combattre, ce sont les Français. Ce n'est pas un drapeau, morceau d'étoffe attaché à une hampe, qui gagne les batailles : ce sont les soldats qui se rangent autour de ce drapeau, qui le portent en avant et le plantent en vainqueurs sur une position que tout à l'heure l'ennemi occupait.

Il ne s'agit pas de dire : « J'aime la France, je souhaite qu'elle soit prospère, puissante et honorée, » de faire des vœux pour elle, sans faire autre chose que des vœux. Non, non ; il faut lui apporter avec sa bonne volonté son concours actif, son énergie, son dévouement. Le ciel n'aide, comme le dit le vieux proverbe, que ceux qui commencent par s'aider eux-mêmes.

Si tu veux n'avoir bientôt plus de Patrie française, et subir avec toutes les humiliations tous les maux qui attendent les vaincus, tu n'as qu'à te reposer du soin de la protéger, elle qui te protège tous les jours, sur ton voisin : pendant ce temps ton voisin se reposera sur toi, si bien qu'en réalité il ne se trouvera personne pour la défendre. Si, au contraire, vous êtes là, et toi et ton voisin, et tous tes voisins, vous serez forts parce que vous serez unis. Vous vous soutiendrez l'un l'autre, vous aurez un même cœur, une même âme; tous ensemble vous serez invincibles.

La vie, mon cher enfant, ne donne rien pour rien, et tout doit se payer. Pourquoi as-tu de bonnes et saintes lois au dedans? Pourquoi, si tu veux aller faire

tes affaires, fût-ce au bout du monde, le peux-tu avec
sécurité ? C'est parce que tes pères ont été de bons
Français, parce qu'ils n'ont marchandé à leur patrie
ni leur argent, ni leur sang, parce qu'ils ont fait leur
devoir. A toi de faire le tien à ton tour !

LIVRE PREMIER

Le citoyen

CHAPITRE PREMIER

Le devoir dans la famille et à l'école.

Tes devoirs de petit citoyen sont bien simples aujourd'hui, mon enfant. A l'âge où te voici tu as besoin de tout le monde et tu ne peux guère rendre de services à personne. Il est juste que l'on fasse pour toi, qui es faible, tout ce qui t'est nécessaire : mais c'est à la condition que tu le rendes à d'autres quand tu seras fort à ton tour.

Tes devoirs actuels les voici. C'est d'abord d'être un bon fils, obéissant et soumis à tes parents, qui travaillent tous les jours et se dévouent pour toi ; c'est de leur être reconnaissant de leurs bienfaits. Si leur humeur n'est pas toujours égale, songe que toi aussi, tu as tes petits défauts, que tu en auras toujours, et que personne n'est parfait. Honore tes parents, afin que tes enfants t'honorent à leur tour. Sois bon fils et sois bon frère.

Travaille de ton mieux à l'école où tu es placé ; applique-toi, de tous tes efforts, à profiter de ce qui t'est

enseigné. Cela aussi est ton devoir. Songe bien qu'on
pourrait déjà tirer un certain travail de tes petits bras
et de tes petites jambes. On ne le fait pas cependant.
Une comparaison va t'expliquer pourquoi.

Quand au mois de mai le blé a poussé en herbe et
que le champ ressemble à une prairie, on pourrait le
faucher et le faire manger au bétail qui ne demande-
rait pas mieux. Mais cette herbe-là n'est pas une herbe
comme les autres. Qu'on laisse avancer la saison, et
de chaque tige il va sortir un épi plein de grains de
froment dont les hommes se nourrissent et que le
propriétaire, s'il ne les consomme, vendra à beaux
deniers comptants. Eh bien ! tu es toi aussi un bel
épi de blé. Si on t'employait dès à présent à travailler autant que tu le peux sans te rien apprendre, tu
ne serais jamais qu'un manœuvre, ne sachant ni lire,
ni écrire, ni compter; tu ne vaudrais jamais que ce
que valent tes bras, tes jambes, tes épaules et tes reins.
Mais, si on permet à ton intelligence de se développer
par l'instruction, à la valeur de ton corps tu ajouteras
celle de ton esprit : tu pourras devenir, non pas seulement un ouvrier, mais un contremaître ou un patron,
l'égal d'un homme bien plus riche et plus favorisé que
toi; tu pourras te faire la place dont tu seras digne par
ton courage et ton intelligence. Veux-tu bien comprendre ta situation ? Ta famille et ta Patrie s'appliquent à
te mettre entre les mains un outil admirable, dont c'est
toi qui dois surtout profiter. Elles s'imposent pour cela
des sacrifices. Que te demande-t-on en échange ? De la
bonne volonté, rien de plus. Si tu n'apportais pas cette
bonne volonté, tu serais un ingrat.

Et sais-tu qui serait puni de cette ingratitude ? Toi le
premier. Tu te dis aujourd'hui : « Cela m'ennuie d'apprendre mes leçons, cela m'ennuie d'apprendre l'his-

toire et la géographie, cela m'ennuie de compter et de faire des dictées. J'aimerais bien mieux jouer à la mérelle ou dénicher des nids et faire l'école buissonnière. Mon maître est sévère et me punit quand j'ai été paresseux, et cela me déplaît. » Fort bien · seulement si tu ne profites pas aujourd'hui de l'occasion d'apprendre qui t'est donnée, tu ne la retrouveras plus.

D'ici peu on ne te dispensera plus de gagner ta vie, et pour manger il faudra que tu travailles. Si tu n'as rien fait sur les bancs de l'école, tu le regretteras amèrement, mais il sera trop tard pour le regretter. Tu verras tes camarades moins paresseux avancer pendant que tu resteras en arrière ; ils auront pris une supériorité qui

t'humiliera ; tu seras réduit à leur demander du travail ; c'est eux qui te donneront des ordres ; les gros bénéfices seront pour eux, et toi tu n'auras que ta paie d'homme de peine. Ce sera justice, puisqu'ils seront capables de diriger une ferme ou un atelier, et toi, bon seulement à faire un manœuvre. Ce sera justice ; et pourtant tu en souffriras cruellement.

« Si j'avais su ! » diras-tu alors. — Eh bien ! pour savoir, toi aussi, tu n'avais, mon ami, qu'à être plus docile, à bien travailler à l'école, à profiter de ce que ta famille et la Patrie faisaient pour toi.

CHAPITRE II

La loi du travail.

Sois donc un brave enfant dans ta famille, un écolier studieux à l'école. Pour l'instant on ne t'en demande pas davantage.

Mais demain, quand tu ne seras plus un enfant, quand tu seras un petit homme d'abord, puis tout à fait un homme, quels seront tes devoirs ?

Le premier de tous, mon enfant, ce sera d'être un bon travailleur. Que tu fasses une chose ou une autre, que tu sois avocat, médecin, artiste, ingénieur, caissier, employé, commerçant, cultivateur, ouvrier, le premier de tous les devoirs envers ton pays comme envers toi-même, c'est de travailler. Qu'on le fasse de ses mains ou de son cerveau, il faut que tout le monde travaille, et ceux qui travaillent de leurs mains ne sont pas toujours ceux qui besognent le plus rudement. Tous les travailleurs sont également honorables, quoi qu'ils fassent. Sais-tu quel est l'homme méprisable ? C'est celui qui ne fait rien, c'est l'oisif. Qu'est-ce qu'il fait en effet ? Il se borne à profiter du travail des autres sans en accomplir lui-même aucun. Dis-moi à quoi il ressemble mieux, sinon, comme on le dit à la campagne, au cochon à l'engrais, auquel on apporte la mangeaille dans son auge et qui n'a rien fait pour la gagner.

Quand un individu est vieux ou infirme, il est excusable de tendre la main et de demander aux autres de le nourrir, puisque, s'il ne le faisait, il faudrait qu'il mourût de faim. Ton cas a été semblable jusqu'ici ; dans la maison paternelle tu as été un petit mendiant qui avait faim et que tes parents ont nourri, tu as été à l'école un autre petit mendiant qui avait besoin d'apprendre et que l'on a instruit, mais ce que tu comprends bien, n'est-ce pas? c'est que, quand on peut gagner sa vie, on doit la gagner soi-même. Ce n'est pas la fierté seulement qui l'ordonne, c'est aussi la justice. Si l'on se fait nourrir, pouvant se nourrir soi-même, on vole les malheureux, on leur ôte le pain de la bouche. Un fainéant est un lâche et un voleur.

Regarde bien autour de toi, tu verras que tout le monde à peu près travaille. Le laboureur qui prépare la récolte, le moissonneur qui la fauche, travaillent ; l'ouvrier de l'usine travaille ; le fermier qui surveille les moissonneurs, le contre maître ou le patron qui surveillent les ouvriers, travaillent, car sans eux le travail des autres n'irait pas si bien ; le charpentier, le cordonnier, le boulanger qui fait le pain, le boucher chez qui on trouve la viande, l'épicier, travaillent ; le médecin qui court jour et nuit pour voir les malades, le notaire qui fait les contrats, l'avocat qui plaide les procès, le juge qui décide qui a tort et qui a raison, tous travaillent. Tous ne font pas le même travail, mais tous ont également besoin du travail les uns des autres.

Tu vois tous les jours des gros sous et des pièces blanches, et quelquefois même de ces pièces jaunes qui sont si jolies, qui resplendissent au soleil et qu'on appelle des louis d'or. Tu les admires et tu voudrais bien en posséder beaucoup. Tu sais qu'avec elles on peut aller chez le marchand et prendre dans sa boutique tout ce dont on a envie. Tu les regarderas non pas seulement avec admiration mais avec respect, quand je t'aurai dit ce que ces pièces représentent. C'est ce qu'il y a de plus noble au monde, c'est le travail. On ne les donne à personne sans qu'il les ait gagnées. C'est quand ton père a travaillé toute une semaine qu'on lui remet en échange de son travail plusieurs de ces pièces d'or ou de ces pièces d'argent.

Il y en a beaucoup, beaucoup heureusement en France. Elles y sont grâce au travail accumulé de toutes les générations qui ont précédé la tienne. C'est l'héritage de tes pères qui ne sont plus. S'ils n'avaient beaucoup travaillé, ces pièces d'or et d'argent, que tous les pays se disputent, au lieu de venir chez nous et d'y rester, seraient allées chez nos voisins. Ne vois jamais une pièce d'or sans donner une pensée de reconnaissance à tes aînés à qui tu la dois.

Si nous avons pu, après la malheureuse guerre de 1870, payer à l'Allemagne, sans trop nous appauvrir, une rançon de cinq milliards, c'est que, depuis des siècles, on avait beaucoup travaillé dans notre pays. Mais suppose que nous cessions de travailler les uns et les autres pendant que nos voisins travaillent, et ce qui nous reste de nos richesses sortira peu à peu de nos poches pour aller dans celles des autres nations. Nous serons comme un animal mis au jeûne, qui, pendant quelques jours, vit sur sa graisse et sur sa chair, qui maigrit, dépérit et bientôt meurt de faim.

Tu as bien entendu citer autour de toi quelques gens qui avaient fait un bel héritage. Il semblait qu'ils ne dussent jamais voir la fin de leurs écus. Ils l'ont vue cependant et plus vite qu'il ne semblait possible. C'est qu'ils ne faisaient rien ; ils puisaient toujours dans le sac sans y rien mettre, et il n'y a pas de sac qui n'ait un fond. C'est ainsi que nous avons fait, nous tous Français, un bel héritage, parce que nos pères ont été laborieux ; il n'est guère de pays où un homme à qui la besogne ne fait pas peur puisse gagner plus aisément **son** pain et un peu de beurre à mettre dessus pour le rendre d'un goût plus agréable. **Nous payons de lourds impôts sans trop en souffrir ; nous entretenons une bonne armée, une belle marine ; nous dépensons des millions pour con**-

struire des **écoles**, des ports profonds, de larges routes, des canaux, **des** chemins de fer ; mais que nous cessions de travailler tous courageusement et cette prospérité s'é-vanouira bien plus vite qu'elle n'est venue. Nous serons tous individuellement plus pauvres. La Patrie ne sera pas moins éprouvée. Un jour viendra où l'argent lui manquera même pour se défendre, et tu sais bien que l'argent c'est le nerf de la guerre. Je ne te parle pas du courage qui manquerait alors à ses enfants. Ce qui donne surtout l'énergie, c'est l'habitude du travail, et ce qui manque surtout aux paresseux, c'est le cœur.

CHAPITRE III

Le respect de la loi.

Ce n'est pas tout de bien travailler. Voici un autre devoir non moins impérieux.

Respecte les lois de ton pays. Et les respecter, c'est leur obéir volontairement et de bon cœur.

Je ne te parle pas des lois qu'il faut respecter, qu'on le veuille ou non, parce que le gendarme est là, qui se charge de mettre la main au collet de ceux qui les violent. Ces lois là, j'y compte bien, il est superflu de te les recommander : tu n'as pas plus envie d'être un voleur que d'être un assassin. Mais il est bien d'autres lois auxquelles on peut manquer sans s'exposer d'ordinaire à un châtiment. Si tu es un bon citoyen, elles te seront tout aussi sacrées que celles qui peuvent t'exposer à la guillotine ou à la prison.

Il est souvent facile de les tourner, de les frauder : avec un peu d'adresse on peut assez souvent échapper aux punitions qu'elles ont ordonnées contre ceux qui les violent : il ne manquera pas autour de toi des gens qui en profiteront. Tu ne suivras pas ces mauvais exemples, et je vais t'expliquer pourquoi.

§ I. — *Il faut payer l'impôt exactement.*

Les lois dont je te parle sont presque toutes des lois qui ont pour but de faire tomber de l'argent dans les caisses de l'Etat. Or tu conçois très bien que l'Etat qui rend tant de services à tous et à chacun a pour cela besoin de beaucoup d'argent. Mais où peut-il le prendre sinon dans notre poche aux uns et aux autres? Il a donc établi les impôts qui ont paru les plus justes aux représentants de la nation.

Les impôts qu'on appelle les impôts directs, ceux que le percepteur est chargé de recevoir, qui sont établis sur les terrains que nous possédons, sur les portes et les fenêtres des maisons que nous habitons, sur la profession que nous exerçons, les contributions, la cote personnelle, ou la patente, ou les prestations, à ceux-là il n'y a pas moyen de se dérober, qu'on le veuille ou non. L'huissier serait là pour nous saisir et vendre nos meubles si nous étions en retard seulement. Mais  il est une autre espèce d'impôt qui dans une certaine mesure sont remis à notre bonne foi.

Ainsi quand nous introduisons, dans une ville soumise à un octroi, de la viande ou du vin, on nous demande à l'entrée si nous avons quelque chose à déclarer. Nous pouvons ou dire ce qui est, ou essayer de tromper sur la qualité ou la quantité. — Quand nous achetons une propriété, il existe un impôt fixe sur le prix de l'achat : nous pouvons ou dire le prix véritable ou en indiquer un autre inférieur. Si nous essayons de tromper par trop, nous nous exposons à un procès de la part de l'enregistrement; si nous ne trompons que de peu, nous avons bien des chances d'échapper à la punition de notre déclaration fausse. — Quand nous faisons un héritage, la somme dont nous héritons est frappée par la loi d'un impôt plus ou moins fort selon notre degré de parenté avec ceux dont nous héritons. Nous sommes invités à faire une déclaration. Et

encore ici, si nous trompons par trop, nous nous exposons à être poursuivis et punis ; si nous ne trompons que de peu, nous avons bien des chances d'é-
chapper à la loi.

Devons-nous tromper pour faire une économie et
garder quelques francs ou quelques centaines de francs?
Eh bien! non, mon ami : nous devons au contraire ne
pas tromper, et si nous le faisons nous sommes de
mauvais citoyens en même temps que des menteurs.

Tu trouveras des gens qui te diront: « Voler l'Etat,
ce n'est voler personne. » — Non sans doute, ce n'est
voler personne individuellement; mais c'est faire quelque chose d'aussi grave, c'est voler tout le monde. Si
tu ne mets pas dans la bourse commune ce que la loi
veut que tu y mettes, comprends-tu que tu voles tous
les autres qui y mettent avec toi? Ne profites-tu pas,
toi aussi, des routes qui se font, des chemins de fer,
des canaux, de la sécurité publique et de la bonne administration générale? Tu ressembles dès lors à celui qui,
dînant à une table où chacun doit payer sa part, se dé-
roberait au dessert pour éviter de régler son écot comme
tous les autres. Celui-là que penserais-tu de lui et vou-
drais-tu être à sa place? Dis-moi s'il mérite un autre
nom que celui de voleur? Voleur d'autant plus méprisable qu'on s'en rapporte à sa bonne foi, et qu'il profite
de cette confiance qui lui est accordée pour tromper.

Et vois un peu, mon petit ami, comme on raisonne
mal. On regarde comme des ennemis les employés de
l'octroi, les employés de la régie, les employés de l'enregistrement. On les hait, on croit faire un bon tour
en les trompant, en les « mettant dedans » selon l'expression. Je t'accorde qu'ils ne sont pas toujours aima-
bles, et qu'habitués à être trompés, ils sont fort défiants
et souvent désagréables. Mais après? Est-ce pour eux

qu'ils reçoivent cet argent qu'ils sont chargés de percevoir? Pas le moins du monde. Il ne leur en reste pas un sou entre les mains, en dehors de leur traitement. Ils le reçoivent pour le compte de l'Etat, qui en fait ensuite le meilleur emploi possible dans notre intérêt à tous.

As-tu bien compris et comprends-tu qu'il faut payer les impôts, tous les impôts, loyalement et sans chercher à frauder ni l'octroi, ni la régie, ni l'enregistrement? Quoi que tu fasses pour ta Patrie, tu ne seras jamais quitte envers elle ; tu recevras toujours plus que tu ne donneras.

§ II. — *Il faut obéir aux autorités de son pays.*

Ce n'est pas seulement l'impôt que tu dois acquitter fidèlement et sans rechigner. C'est à toutes les lois de ton pays que tu dois prêter un concours soumis et fidèle. Quand le préfet, quand le maire, quand le procureur de la République te commandent, ce n'est pas à eux que tu obéis en leur obéissant: c'est aux lois de la France.

Ce n'est pas contre eux que tu te mettrais en révolte en leur résistant, c'est contre les lois de ton pays. Lorsqu'il s'agit d'arrêter un voleur ou un assassin, ne dis pas : « C'est l'affaire de la police et de la gendarmerie de les arrêter : je n'ai pas à m'en mêler. » Eh ! mon ami, c'est ton intérêt, à toi le premier, d'empêcher qu'il y ait des voleurs et des assassins; si hier ils se sont attaqués à un autre, demain ils peuvent s'attaquer à toi.—Si quelqu'un conspire contre le gouvernement, ne dis pas : « C'est au gouvernement à se défendre : je ne m'en mêle pas. » Eh ! mon ami, si demain la France était bouleversée, tu en sentirais tout de suite les conséquences ; tu serais atteint dans ta fortune, dans toutes les libertés dont tu jouis. En vain par égoïsme dirions-nous : « Je ne veux penser qu'à moi seul. » Il ne nous est pas permis, si nous avons un peu de bon sens, de faire ce triste calcul. Notre destinée est liée, quoi que nous fassions, à la destinée de la Patrie. Notre meilleure et plus sûre façon de nous aimer, c'est de l'aimer d'abord, c'est de respecter les lois qu'elle nous impose !

Toutes ces lois sans doute ne sont pas également bonnes ; il en est qui nous font souffrir dans quelques-uns de nos intérêts, qui pèsent plus lourdement sur nous que sur nos voisins, et cela nous le sentons vivement.

Que veux-tu ? Les lois sont l'œuvre des hommes, et à ce titre elles ne sont pas parfaites.

Peut-être étaient-elles les moins mauvaises qu'on pût faire au moment où on les a faites. Essayons de les faire changer ; mais tout en y travaillant respectons-les tant qu'elles sont les lois.

Si nous nous permettons d'entrer en révolte contre une loi qui nous déplaît, pourquoi notre voisin n'en ferait-il pas autant contre une autre? Et ainsi, chacun se révoltant de son côté, il n'y aurait bientôt plus aucune loi debout. Ce serait l'anarchie, le retour à la barbarie, où personne ne serait protégé par aucune institution contre la violence du voisin. S'il y a jamais une loi dont tu aies à souffrir, mon ami, songe qu'il y en a cent, qu'il y en a mille à côté qui te protègent. Tu ne peux t'insurger contre l'une d'elles sans autoriser l'insurrection contre les autres. Décide toi-même quel est ton intérêt.

§ III. — *Admirable exemple du respect dû à la loi.*

Je voudrais te citer un illustre exemple pour faire bien entrer dans ton cœur le respect de la loi.

Il y a eu dans l'antiquité une cité, glorieuse entre toutes, à laquelle le monde doit beaucoup, dont le nom ne doit être prononcé qu'avec respect. Elle a été la mère des arts, des lettres, de la liberté, de la civilisation. Sa mémoire luit encore sur l'univers comme un phare. Elle s'appelait Athènes, et tu saurais indiquer sur la carte d'Europe la place qu'elle occupait, celle qu'occupe encore une ville moderne du même nom. Ce dont elle se vantait surtout, c'était d'avoir les institutions les plus équitables, d'être la plus noble Patrie dont un homme de ce temps pût être fier.

Or il arriva qu'un jour, il y a de cela près de deux mille deux cents ans, un citoyen de cette ville fut cité devant les tribunaux de son pays comme corrupteur de la jeunesse. C'est la plus grande iniquité judiciaire dont parle l'histoire ; car cet homme était le plus honnête homme, le plus noble esprit d'alors, et tous s'inclinent aujourd'hui encore devant son nom. Cet homme s'appelait Socrate. Il fut condamné à mort, condamné à boire la ciguë, qui était alors le poison auquel on avait recours pour faire mourir les condamnés à mort.

Socrate était fort aimé de ses disciples, dont plusieurs étaient riches. Ils avaient tout préparé pour sa fuite ; le geôlier de la prison était gagné, les moyens de fuir assurés. Un de ces disciples, nommé Criton, trois jours avant la date fatale, vint demander à son maître de se dérober à une mort imméritée, d'épar-

gner à ses concitoyens la honte d'une sentence injuste.
Sais-tu ce que répondit Socrate?

Il évoqua devant Criton les lois de la Patrie qui l'arrêtaient au seuil de la prison ouverte, et lui disaient : « Socrate, que vas-tu faire? Qui t'a protégé depuis le jour où tu es né, sinon nous, les lois d'Athènes? Qui t'a fait citoyen? Qui t'a assuré l'exercice de ta liberté?

Qui t'a permis de prendre une femme et d'avoir des enfants? Qui t'a garanti contre toutes les violences? Qui t'a assuré la jouissance de tes biens? Qui t'a procuré une vie heureuse et paisible? Qui a veillé sur toi à toute heure du jour et de la nuit? Ce que nous avons fait pour toi, nous l'avons fait à une condition en échange : c'est que tu nous obéirais en toute occasion, que tu nous serais dévoué, que tu accepterais les charges du contrat aussi bien que ses avantages. Tu pouvais aller vivre au dehors, nous te le permettions: tu ne l'as pas fait, tu es resté notre sujet volontairement. Le moment est venu où nous te demandons le sacrifice de ta vie : peu importe que tu sois condamné à tort puisque tu es condamné en notre

nom. Ce sont les hommes qui sont injustes et non pas
nous. Si tu te dérobes à la loi sous prétexte que tu es
innocent, pourquoi un autre, bien que coupable, n'en
ferait-il pas autant? Plus tu es sans reproche, plus
tu dois le bon exemple. » Je t'abrège ce magnifique
discours. Criton lui-même dut convenir que son maître
avait raison. Socrate ne s'enfuit point et il but la ciguë.

Ta Patrie ne te demandera pas de si héroïques sacrifices; mais, du moins, retiens cet exemple; et si jamais
tu souffres de quelqu'une des lois de ton pays, si tu es
tenté de la violer, qu'il te revienne à la mémoire. Vois,
toi aussi, se dresser devant toi les lois de la France, te
disant : « C'est nous qui t'avons nourri, c'est nous qui
t'avons protégé, c'est nous qui t'avons assuré la vie la
plus douce, la plus paisible. Nous ne te demandons
qu'une chose en échange, c'est de ne pas nous ébranler,
c'est de nous respecter. » — Si tu as le cœur assez bien
placé pour entendre cette voix, tu l'écouteras toujours

CHAPITRE IV

Le devoir civique.

Quand tu seras un bon travailleur qui s'appliquera
de son mieux à augmenter la richesse et la force de son
pays, quand tu seras un observateur fidèle et respec-
tueux de ses lois, seras-tu quitte, même en temps de
paix, de tous les devoirs envers ta Patrie, la France?

Non pas, mon ami, et en voici un dernier qui n'est
pas moins grave que les deux précédents. C'est celui
que proprement on appelle le devoir civique.

§ I. — *Le suffrage universel et la souveraineté nationale.*

Le pays où tu es né t'a, et je te l'ai déjà dit, fait une situation toute favorisée, à toi petit individu, né n'importe où, riche ou pauvre, sur le sol de la France.

C'est l'œuvre des deux Républiques qui ont précédé la nôtre.

La première a ordonné qu'il n'y aurait plus de privilèges ; **que tous** les Français seraient égaux, qu'ils payeraient les mêmes impôts, qu'ils seraient sou-

mis aux mêmes lois et jugés par les mêmes tribunaux : que ni la naissance, ni le rang, ni la fortune, ni les conditions ne feraient entre eux de différences : c'est là l'égalité civile. A celle-là, la seconde République, celle de 1848, a ajouté l'égalité civique. Elle a ordonné que, riche ou pauvre, tout Français, arrivé à l'âge de vingt et un ans, serait également consulté sur toutes les affaires qui intéressent son pays, depuis les affaires de la commune jusqu'à celles de l'Etat. A certains jours on invite les citoyens français à déposer leur vote ; c'est là ce qui s'appelle le suffrage universel. On réunit les bulletins dans une urne ; on les compte ; et la majorité prononce. La voix d'un millionnaire ne vaut pas plus que celle du pauvre. Tous sont égaux devant le suffrage : et la perte des droits de citoyen est considérée comme la plus grave flétrissure que puisse subir un Français, flétrissure que les tribunaux seuls ont le droit d'infliger, et qui ne peut être infligée que pour un acte jugé honteux. Etre privé des droits de citoyen, être rayé des listes électorales, c'est une note d'infamie.

Dans les pays où un maître absolu commande, comme la Russie ou la Turquie, c'est la volonté d'un seul homme qui fait la loi à laquelle tout le monde doit se soumettre. Il y a un maître et des sujets : quand le maître a dit, comme disaient nos vieux rois : « Car tel est notre plaisir, » il ne reste plus aux sujets qu'à obéir. Dans d'autres pays le souverain n'est pas maître absolu. On voit à côté de lui une représentation du pays qui a le droit de lui exposer ses volontés, parfois même de les lui imposer. Tel est le cas de l'Italie, de la Belgique, de l'Allemagne, de l'Angleterre. Seulement, dans tous ces pays, ce ne sont pas tous les citoyens qui sont appelés à élire cette représentation, mais une partie seulement de ces citoyens, ceux qui excercent certaines professions, ceux qui paient un certain impôt. Ton pays est le seul à peu près, mon enfant, où tout homme soit appelé à exercer une action sur le gouvernement de son pays par cela seul qu'il est homme.

Du jour où tu auras vingt et un ans, tu seras électeur, électeur dans ta commune, électeur dans ton canton, électeur dans ta circonscription pour la Chambre des députés. Les sénateurs eux-mêmes, par qui sont-ils nommés ? Par les délégués des conseillers municipaux nommés par toi, par les conseillers d'arrondissement, par les conseillers généraux, par les députés nommés par toi. L'unique électeur, tu le vois bien, c'est toi ; le souverain absolu de ton pays, c'est toi et tous ceux qui jouissent des mêmes droits que toi ; c'est le Peuple français. C'est là ce que l'on nomme la Souveraineté nationale ; et c'est bien là, en effet, tu le

vois, la souveraineté de la nation. C'est la majorité des
Français qui commande, c'est elle qui est obéie ; elle
seule vote l'impôt, fait et défait les lois, décide de
la paix ou de la guerre ; le Président de la République
et les ministres ne sont que ses instruments et ses
serviteurs.

§ II. — *La souveraineté nationale s'exerce par des mandataires.*

Si la France était moins grande, si les hommes
étaient moins occupés, les citoyens exerceraient eux-
mêmes la souveraineté qui leur appartient. Ils donne-
raient leur avis sur toutes les questions, et l'avis du plus
grand nombre l'emporterait. On a fait ainsi dans les
républiques anciennes, qui étaient d'ordinaire de petites
cités. Mais on ne peut pas, tu le comprends bien, réunir
ensemble trente-six millions de Français pour leur faire
entendre sur un débat le pour et le contre et les faire
ensuite voter. On ne peut même pas réunir ensemble
tous les habitants d'un département ou d'un arrondissement pour les consulter. On ne trouverait ni des salles
assez vastes, ni des travailleurs ayant assez de loisir
pour donner tant de temps aux affaires publiques. Il
ne leur en resterait plus pour leurs affaires privées.

Dès lors, qu'a-t-on fait? La seule chose qui fût pratique et raisonnable. Les citoyens ne sont pas appelés
tous ensemble pour émettre un avis sur les affaires de
la communauté : on les invite à nommer, pour un
temps plus ou moins long, des délégués, des représentants, qui se chargent d'exprimer leurs volontés
et de les faire prévaloir. Ils ne décident pas eux-mêmes
les questions, mais ils les font décider par des manda-

taires qui ont pour mission de parler et de voter comme eux-mêmes auraient parlé et voté. Cet arrangement s'appelle le Gouvernement représentatif.

C'est ainsi, mon ami, que, lorsque tu auras vingt et un ans, tu ne seras appelé ni à voter le budget de ta commune, ni à trancher les affaires de ton arrondissement, ni de ton département, ni à faire les lois de ton pays, ni à décider la paix ou la guerre : mais tu seras appelé à nommer des conseillers municipaux, des conseillers d'arrondissement, des conseillers généraux et des députés qui feront ce travail pour toi et en ton nom. Tantôt tu en nommeras un seul : c'est ainsi qu'on choisit aujourd'hui le conseiller d'arrondissement, ou le conseiller général, ou le député; et cela a nom « le scrutin uninominal » ; tantôt tu seras appelé à écrire plusieurs noms sur ton bulletin de vote, comme on fait pour les conseillers municipaux, comme on a fait en 1848 et en 1871 pour les députés : et cela s'appelle le « scrutin de liste ». Mais que tu sois appelé à choisir un seul nom ou plusieurs, le fait est toujours le même : c'est toi qui désignes un ou plusieurs mandataires pour agir à ta place, au mieux de tes intérêts et conformément à tes volontés.

Je viens de t'expliquer le mécanisme politique de notre pays. Je te le répète, c'est toi qui es le maître, tu vois, c'est toi qui es le souverain. Voilà le don magnifique que fait à tous ses enfants la Patrie française le jour où sonnent leurs vingt et un ans.

Mais peux-tu penser, dis-le moi, qu'un tel don te soit fait sans te créer en échange des devoirs?

§ III. — *Premier devoir civique : Respecter les décisions de la majorité.*

De ces devoirs, voici le premier : respecter le verdict du suffrage universel une fois qu'il a été rendu, ne jamais troubler la paix publique.

Si l'insurrection contre la tyrannie peut être légitime, l'insurrection est le plus grand des crimes dans

un pays de suffrage universel. Il n'est pas permis de faire appel à la violence lorsque le bon droit peut triompher sans elle ; ton arme véritable, s'il y a des changements à faire dans les institutions ou dans les lois, ce n'est pas la balle d'un fusil, c'est ton bulletin de vote. Si tu veux que la minorité s'incline le jour où la majorité sera avec toi, il faut que tu saches t'incliner, toi aussi, si par hasard tu te trouves avec la minorité. Que servirait de voter si le vote ensuite ne doit pas être respecté par tout le monde ?

Laisse-moi te citer un exemple.

Dans une grande république dont tu connais le nom, les Etats-Unis de l'Amérique du Nord, il existe deux grands partis politiques, dont l'un s'appelle le parti des républicains et l'autre celui des démocrates. Ils sont assez mal nommés, car tous deux sont également républicains ; seulement ils entendent un peu autrement la République. Il y a quelques années, une grande bataille avait lieu pour l'élection du Président. Le candidat républicain, M. Hayes, l'emporta de quelques voix seulement. Les têtes étaient fort montées, on prétendait que M. Hayes l'avait emporté seulement grâce à une fraude. Cependant, quand le Sénat américain — qui est chargé là-bas de vérifier les élections présidentielles — eut déclaré, à tort ou à raison, que l'élection avait été régulière, l'agitation s'arrêta tout à coup. Devant la légalité, tous les démocrates s'inclinèrent. M. Hayes exerça le pouvoir, pendant les quatre années de sa Présidence, sans que personne essayât de méconnaître son autorité. Voilà les véritables mœurs républicaines.

§ IV. — *Devoirs de l'électeur : 1° Il faut voter.*

Du jour où tu seras électeur, ton premier devoir sera de voter chaque fois que tu seras invité d'aller porter ton bulletin dans l'urne. Les premières fois, je ne crains pas que tu y manques : tu seras tout fier de montrer que tu es un homme toi aussi. Mais, après quelques années, il en est plusieurs qui trouvent que voter est une corvée. Il faut se déranger, il faut renoncer à quelque partie que l'on avait préparée pour le dimanche. Et l'on ne va pas réclamer à la mairie sa carte d'électeur, ou bien, si on l'a reçue à la maison,

on n'en fait pas usage. Celui qui agit ainsi agit fort
mal. Ce n'est pas pour flatter ta vanité que la Constitution te fait électeur, mon enfant, c'est dans l'intérêt général et pour que tous s'occupent des affaires de tous.

Ne dis pas : « Qu'importe un suffrage de plus ou de
moins ! » Hé ! mon ami, une voix est une voix. Il arrive
assez souvent que, dans les élections, la majorité est
d'une voix seulement. Depuis 1875 nous avons une
Constitution républicaine. Or sais-tu à combien de
voix de majorité cette Constitution a été votée dans
l'Assemblée nationale, qui était à la fois la Chambre
des députés et le Sénat d'alors? A une seule. Si un seul
des républicains s'était abstenu, peut-être aurions-nous
attendu longtemps encore cette Constitution que le
pays réclamait à chaque élection nouvelle.

Ne dis pas : « Que m'importe que celui-ci soit nommé
ou celui-là ! » Hé ! mon ami, il t'importe beaucoup. Si
tu laisses passer, en ne votant pas, de mauvais conseillers municipaux, les affaires de ta commune seront mal
administrées, et c'est toi le premier qui en souffriras.
Si tu laisses passer de mauvais conseillers d'arrondissement, de mauvais conseillers généraux, c'est ton arrondissement, c'est ton département qui en pâtiront, et tu en
souffriras encore. Si enfin tu laisses passer de mauvais
députés, ils administreront mal ton pays, ils voteront
de mauvais impôts, ils feront de mauvaises lois, ils
pourront précipiter ta patrie dans les plus épouvantables désastres : dis-moi donc que tu n'en souffriras pas? Tu gémiras alors, tu protesteras : il sera trop
tard ; tu n'auras que ce que tu as mérité. Tu n'avais
qu'à donner ton avis le jour où on te le demandait :
tous ces malheurs ne seraient peut-être pas arrivés

Ne dis pas enfin : « Je ne vote pas parce qu'aucun
des candidats ne me plaît tout à fait. » Hé ! mon ami,

s'il fallait trouver le candidat qui plaise tout à fait, on ne voterait guère que pour soi-même. Quel est l'homme qui partage toutes nos opinions, ou qui soit absolument sans défaut? Il faut pourtant qu'entre les candidats divers qui se présentent, il y en ait un qui l'emporte. Si aucun n'a toute notre confiance, il en est un au moins qui est moins éloigné de nos idées que l'autre. Celui-là, s'il ne nous plaît entièrement, au moins ne nous déplaît pas tout à fait. Nous ne l'aurions pas choisi peut-être, mais nous le préférons. Quand on n'a le choix qu'entre deux maux, il est encore sage de préférer le moindre.

2° *Il faut être un électeur éclairé.* *Moyens de s'instruire.*

Tu voteras donc. Mais ce n'est pas tout de voter. Il s'agit surtout de bien voter. Si tu dois voter mal, mieux vaudrait que ton pays ne t'eût pas fait électeur.

Mais comment bien voter? diras-tu. Il n'y a pour cela qu'un moyen ; c'est que tu te fasses une opinion sur les affaires de ta commune, de ton arrondissement, de ton département, de ton pays, de façon à voter toujours en connaissance de cause.

Tu as déjà vu des élections autour de toi. A ce moment-là on voit divers candidats en présence, et chacun d'eux affirme qu'il est le meilleur. Ils font de belles affiches sur papier de différentes couleurs; ils promettent; si on les nomme, toutes sortes de choses superbes : ils ont des amis qui vont pour eux solliciter les voix de ceux-ci et de ceux-là. Tu as vu solliciter ainsi ton père, ton oncle, ton frère aîné, si tu en as un déjà électeur. On te sollicitera de même à ton tour, quand ton tour de voter sera venu. Parmi ces candidats il y en a qui mentent et qui cherchent à te tromper ; et ceux qui font du zèle en leur faveur cherchent peut-être de même à te tromper. Si tu ne t'en aperçois qu'après l'élection, il sera trop tard. C'est avant de donner ta voix qu'il faut distinguer celui ou ceux qui méritent ta confiance de celui ou de ceux qui se proposent d'en abuser. A qui te fier, sinon à toi-même?

Il ne faut donc pas que tu votes en ignorant : tu dois en votant savoir ce que tu fais. Tu vois que ta dignité d'électeur t'impose de t'instruire.

Maintenant, comment t'instruiras-tu? Pour ce qui est de ta commune, qui est tout près de toi, tu n'auras qu'à ouvrir les yeux, à écouter ce que disent les uns et les autres, à réfléchir sur tout ce que tu entendras. Mais, le département est bien loin ; la France est plus loin encore. Que faire?

Ici tu n'as que deux moyens de te renseigner.

Voici le premier. C'est de lire les journaux qui agitent ces grandes questions. C'est là que tu t'instruiras surtout.

Si l'on exige que tu apprennes à lire étant petit, ce n'est pas seulement parce que savoir lire est grandement utile dans la vie et grandement agréable; c'est aussi parce qu'on ne peut pas être bon citoyen, si l'on ne sait lire et examiner ce que disent les uns et les autres des affaires publiques, se faire à soi-même une opinion avant de voter. Quelqu'un a dit très justement : « Dans le pays du suffrage universel, tout le monde doit savoir lire. » Du jour où tu seras électeur, ce sera ton devoir de lire les journaux.

Et, si tu es sage, tu n'en liras pas un seulement, celui qui défend l'opinion qui est la tienne et qui flatte les préférences secrètes de ton cœur : tu liras plusieurs journaux et tu n'oublieras pas ceux qui représentent un autre parti que le tien. Il faut toujours voir quels arguments donnent ceux qui ne pensent pas comme nous. Si, par hasard, nous nous sommes trompés, c'est le moyen de corriger notre erreur : et si, tous les arguments entendus, nous gardons notre opinion, nous n'en sentirons que mieux qu'elle était vraiment la bonne, puisque la contradiction même n'a pu l'ébranler.

Un second moyen de te renseigner, le voici. Avant les élections, il y a des réunions diverses, tantôt privées, tantôt publiques, où les candidats exposent leur programme, où ils se combattent les uns les autres, où ils rencontrent dans l'assistance des contradicteurs. Ces réunions-là, qu'on nomme réunions électorales, il est de ton devoir d'y assister. C'est là que tu te feras aisément une opinion sur les doctrines, le talent ou le mérite des candidats. Si j'ai seulement un conseil à te donner, le voici :

Ne va pas à ces réunions, comme certains le font, pour y faire du bruit, pour empêcher de parler ceux contre lesquels ils sont prévenus. Vas-y surtout pour t'instruire. Ecoute ce que disent les uns et les autres, et médite en toi-même sur la valeur de ce qu'ils ont dit. Si l'on veut étouffer la voix de quelque orateur, ne sois pas de ces tapageurs et de ces intolérants. C'est le droit de chacun d'exprimer librement son opinion, fût-elle en désaccord avec celle de tous. Ton avis à toi, mon ami.

ton avis, tu le manifesteras le jour où tu voteras. Tu vois bien que tu peux attendre, puisque c'est à toi qu'appartient le dernier mot. L'essentiel est que ce jour-là ton avis soit le bon; et il a chance d'être le bon surtout si tu n'as écouté que la raison, c'est-à-dire si tu as su écouter tout le monde et juger toi-même.

3° *Il faut être un électeur honnête.*

Si tu fais ce que je te recommande, tu seras un électeur éclairé. Il faut à cette qualité en joindre une seconde pour être un bon citoyen; c'est d'être un électeur honnête.

Qu'est-ce qu'un électeur honnête ? C'est celui qui, un jour d'élection, n'est préoccupé que de l'intérêt général: des intérêts de la commune s'il s'agit d'élire des conseillers municipaux ; des intérêts du département s'il s'agit d'élire un conseiller général; des intérêts du pays s'il s'agit d'élire un député.

Si tu votes pour des conseillers municipaux qui, de ton propre avis, ne sont pas les meilleurs, mais qu', habitant quelques fermes voisines, peuvent établir de ton côté un chemin communal, tandis qu'un autre serait plus urgent et plus utile, ne comprends-tu pas que tu es un malhonnête homme qui, par un motif personnel et intéressé, travaille à commettre une injustice et nuit à la communauté? Si, ayant à nommer un conseiller d'arrondissement, un conseiller général, un député, tu votes pour celui-ci, que tu sais le moins méritant, parce qu'il est ton parent, ou ton ami, parce qu'il est proche et influent, parce que tu espères de lui une protection pour toi ou pour quelqu'un des tiens, ne comprends-tu pas encore que tu es un malhonnête homme, qui vole la communauté, qui par un misérable égoïsme sacrifie la communauté à lui-même? Est-ce pour cela, dis-moi, que ton pays t'a fait électeur, ou n'est-ce pas au contraire pour que tu songes à lui d'abord, à lui seul? Je ne te parle pas de vendre ta voix, pour une somme d'argent, un paquet de tabac, ou un bon dîner : ce sont là des infamies qui soulèvent le dégoût, et je ne crois pas que jamais tu en sois capable. Elles se sont vues pourtant, mon enfant.

4° *Deux recommandations utiles.*

Veux-tu une couple de bons avis encore, pendant que nous y sommes?

Ne vote jamais que pour un honnête homme. Quand tu élis un mandataire, tu ne peux jamais prévoir toutes les circonstances qui se présenteront. La meilleure de toutes les garanties, c'est l'honnêteté. Un malhonnête homme trouvera toujours cent raisons, plus spécieuses les unes que les autres, pour t'expliquer qu'il a dû faire tout le contraire de ce que tu l'avais chargé de faire. Une fois ton mandataire élu, tu ne peux ni le surveiller, ni le révoquer avant le temps s'il est infidèle. Malhonnête, il se rira de toutes les réclamations et de toutes les protestations. Un mandat public est comme une caisse à garder; il ne faut les confier qu'à des gens probes.

Méfie-toi des promesses trop belles. Ceux-là seuls promettent tout qui se préparent à ne rien tenir. A ceux-là les engagements ne coûtent pas. Ils se feront forts au besoin de décrocher la lune; ils savent bien que nul ne le pourrait faire. Ceux qui flattent toutes tes passions et toutes tes illusions d'aujourd'hui sont le plus souvent ceux qui demain se moqueront le plus complètement de toi. Si, au contraire, tu trouves un homme qui te dise très nettement lorsqu'il est candidat : « Je ferai ceci mais non pas cela : ceci me paraît juste et cela injuste ; ceci possible et cela impossible ; » s'il résiste à l'entraînement de beaucoup et au tien même ; s'il aime mieux compromettre son succès que de signer en blanc tout ce qu'on essaie de lui faire signer ; s'il a ce rare courage, — j'oserai presque toujours te dire : « Vote pour celui-là, mon ami ! » C'est un homme ; ce qu'il s'est engagé à faire il le fera, et plus peut-être. Il est digne de ta confiance parce qu'il est digne de ton estime.

5° *Il faut être un électeur discipliné.*

Électeur éclairé, électeur honnête, voilà deux vertus indispensables. Il en faut ajouter une troisième : électeur discipliné.

Tu sais qu'il y a des partis politiques différents dans ton pays. Ce n'est pas à moi de t'indiquer celui dans lequel tu t'engageras : c'est l'affaire de ta raison et de ta conscience. L'intérêt seul de ton pays doit t'engager dans l'un ou dans l'autre ; mais quel que soit celui que tu serviras, sers-le loyalement. Ne l'abandonne que si l'honnêteté t'en faisait un impérieux devoir. Le succès politique comme le succès militaire ne s'obtient qu'au prix de la discipline. Ce sont les gros bataillons qui donnent la victoire, bien plus sûrement encore dans les mêlées électorales qu'à la guerre, puisque dans l'urne on se borne à compter les voix.

Ton suffrage ne peut rien qu'aidé de beaucoup d'autres suffrages. Il faut donc être unis si l'on veut être forts. Si tu es républicain plus tard, comme je l'espère, et

qu'il y ait plusieurs candidats républicains sur les rangs
le mal n'est pas grand ; tu voteras au premier tour de
scrutin pour celui des candidats qui aura le plus tes
sympathies : car, pour être élu au premier tour de
scrutin, il faut réunir à soi seul plus de voix que tou-
les autres concurrents ensemble. Mais au second tou-
de scrutin, la situa-
tion change. Il suf
fit pour être élu
d'être celui qui a
réuni sur son nom
le plus de voix.

Imagine dès lors
que les divers can-
didats républicains

restent en concurrence. Il arrivera fort bien que les
ennemis de la République, se coalisant et réunissant
toutes leurs voix sur un bonapartiste, un orléaniste ou
un légitimiste, celui-ci l'emportera sur chacun des républicains. Et alors c'est lui qui sera proclamé député
ou conseiller général ; les républicains auront échoué
par le fait de leurs divisions. C'est la minorité réelle
qui aura fait prévaloir sa volonté.

Lorsqu'un républicain qui a obtenu moins de voix
qu'un autre républicain maintient sa candidature au
second tour de scrutin, soit par petitesse d'esprit, soit
par amour-propre, soit par rancune, et expose ainsi
son parti à être vaincu, il commet une grande faute
contre la République ; mais les électeurs qui le suivent
dans cet égarement ne sont pas moins coupables.

Lorsque tu liras l'histoire de la France, de 1871 jusqu'en 1878, tu y apprendras que ce qui a donné au parti
républicain l'avantage sur tous ses adversaires, ç'a été
l'union de ses membres, depuis le centre gauche jusqu'à

la gauche extrême. Retiens bien cet axiome politique : « Hors de la discipline, point de salut. » Ne livre à personne ni ton intelligence ni ta conscience, qui sont ce qu'il y a de plus noble en toi et de plus vraiment à toi : mais le jour de l'action venu. c'est-à-dire le jour du vote, applique-toi toujours à démêler où sont tes ennemis, où sont tes amis, et, cela fait, marche avec ceux-ci, quelles que soient les petites différences d'opinion qui te puissent séparer d'eux, la main dans la main.

§ V. — *Les devoirs des élus.*

Je t'ai parlé longuement de tes devoirs d'électeur. Mais tu ne seras pas seulement électeur : tu seras éligible aussi quand tes vingt-cinq ans auront sonné. C'est encore là, mon enfant, un des bienfaits de la patrie française. Tu seras peut-être un jour conseiller municipal, maire élu de ta commune, davantage peut-être ; cela dépend de toi surtout, puisque cela dépend de la confiance et de l'estime que tu auras su inspirer à tes concitoyens. De toutes les fonctions électives auxquelles tu pourras prétendre, je ne veux te dire que deux mots rapides.

Il n'y a rien de plus glorieux pour un homme que d'être choisi par ceux qui l'entourent pour les représenter. Ils témoignent ainsi qu'ils le jugent le plus digne, capable de faire leurs affaires mieux qu'eux-mêmes ne les feraient. Il n'est pas de plus haute ambition que de servir ainsi les intérêts de sa patrie, de se dévouer à elle au profit de tous. Il n'est pas de vie plus utile qu'une vie ainsi dépensée. Quelle gloire de s'appeler, par exemple, un Georges Washington, un Lincoln ou un Thiers ! Mais si le simple électeur, qui ne

fait que donner sa voix, doit, au moment où il la donne,
ne songer qu'à l'intérêt de la Patrie, combien plus doit
être possédé de l'unique souci de cet intérêt, celui qui
sollicite et reçoit le mandat de tous!

Celui qui, se croyant le plus capable d'exercer ce mandat pour le bien général, se dérobe aux fonctions publiques par amour de son repos, par crainte de l'effort,
de la responsabilité, des accusations injustes des uns
ou des autres, — celui-là est un lâche et un mauvais
citoyen : car il fait investir de ces fonctions, au grand
détriment de tous, un moins digne que lui.

Celui qui, sachant qu'il n'est pas en état de remplir
un mandat public, le sollicite cependant par amour-
propre et pour briller, — celui-là est un misérable vaniteux et un mauvais citoyen ; car il peut par son inca-
pacité causer à sa Patrie un mal irréparable.

Celui qui, ayant reçu un mandat, ne met pas à le
remplir toute sa conscience, toute son intelligence, qui
ne donne pas tout son dévouement aux intérêts généraux qui lui ont été confiés, — celui-là est un mauvais
citoyen et un mandataire infidèle.

Celui enfin qui, ayant reçu un mandat, l'exerce, non
pour le profit de tous, mais pour le sien, qui en use
pour se pousser, pour s'enrichir, — celui-là n'est pas
seulement un mauvais citoyen, un mandataire infidèle :
il est le plus méprisable des hommes, car il sacrifie tous
les autres à lui-même, et il le fait après avoir pris
l'engagement d'honneur de se sacrifier lui-même aux
autres s'il en était besoin. Le vol qu'il commet est un
vol de confiance.

§ VI. — *La déclaration de la guerre en 1870.*

Je veux par un exemple, en finissant, te bien faire

entendre, mon enfant, quels maux peuvent résulter pour un pays de suffrage universel, si les électeurs et les élus ne font pas les uns et les autres leur devoir. Cet exemple-ci, hélas! il n'est que trop près de nous et trop tragique.

C'était en 1870. En ce temps-là, il y avait, comme aujourd'hui, une Chambre et un Sénat. Mais le Sénat était nommé par l'empereur, et l'empereur, naturellement, ne choisissait les sénateurs que parmi ses amis. Ce n'était donc pas le Sénat qui pouvait résister aux volontés du maître.

Quant aux députés, ils étaient nommés au suffrage universel : mais voici comment ils l'étaient. Dans chaque circonscription, le gouvernement avait son candidat qu'il recommandait aux électeurs; cela s'appelait « la candidature officielle ». Celui-là avait, pour le soutenir, le préfet, le sous-préfet, tous les fonctionnaires. L'autre candidat, quand il s'en trouvait un qui osât combattre le premier, était représenté comme un ennemi, non pas seulement du gouvernement, mais encore de la paix publique et de la France. Comment veux-tu que le paysan, qui alors ne savait pas lire le plus souvent, n'en crût pas volontiers tout ce qu'affirmait le gouvernement? On lui promettait des routes, des écoles, des chemins de fer, s'il votait docilement ; on lui faisait entendre aussi qu'il n'aurait rien de tout cela s'il votait mal, c'est-à-dire s'il votait pour le candidat de l'opposition. Que voulais-tu qu'il fît? Il les croyait ces belles promesses! Il s'effrayait de ces terribles menaces! La Chambre des députés presque tout entière était composée de candidats officiels. C'était le gouvernement qui choisissait lui-même les gens chargés de contrôler ses actes!

Dans de telles conditions un contrôle n'est pas gênant. Comment un député officiel eût-il osé combattre, même lorsqu'il la jugeait mauvaise, une proposition du gouvernement auquel il devait son titre? Il s'acquittait envers les électeurs en sollicitant pour eux des bureaux de tabac, des places, des décorations, dans les bureaux des ministères; et il s'acquittait envers le gouvernement en votant toujours à la Chambre comme le gouvernement voulait qu'il votât. Le ministre n'avait qu'à parler, l'opinion de la majorité était faite.

Un jour l'empereur résolut de faire la guerre à la Prusse. L'impératrice avait dit : « C'est ma guerre! » La France, elle, ne voulait pas la guerre. Un pays qui travaille ne souhaite jamais la guerre. On n'avait cessé d'ailleurs de lui répéter, trois mois encore avant, lors du second plébiscite, comme dix-huit ans auparavant, au moment du premier : « L'Empire, c'est la paix. » La Chambre, elle non plus, ne voulait pas la guerre; mais sitôt qu'elle sut que l'empereur la voulait, elle la voulut aussi, ou plutôt elle n'osa plus dire qu'elle ne la voulait pas.

Il fallait exciter l'opinion, et, pour

l'exciter, la tromper. On affirma que le roi de Prusse avait insulté gravement l'ambassadeur de France à Berlin; cela n'était pas vrai. On refusa de communiquer à la tribune les documents que M. Thiers,

M. Jules Favre et quelques autres réclamaient ; la Chambre dispensa le gouvernement de les produire publiquement. A la séance du 15 juillet, M. Thiers, — et c'est ce jour-là entre tous qu'il fut un bon citoyen — monta jusqu'à quatre fois à la tribune pour répéter qu'il n'y avait pas eu d'affront fait à notre ambassadeur, pour affirmer que la France n'était pas en état d'entreprendre une guerre contre l'Allemagne, pour conjurer ses collègues de s'arrêter, quand il était temps encore. La majorité lui coupait la parole et le huait. On lui criait : « Vous êtes un Prussien dans une Chambre française ! » M. Emile Ollivier, le chef du cabinet, déclarait qu'il s'engageait dans cette guerre « d'un cœur léger ». Le général Le Bœuf, ministre de la guerre, disait : « Quand la guerre durerait une année entière, il ne nous manquerait pas un bouton de guêtre. » Quelques jours après, la guerre déclarée, M. Rouher, qui avait été pendant de longues années le premier ministre de l'empire, disait à Napoléon III au nom du Sénat : « Grâce à vos soins, sire, la France est prête! » Comment nous étions prêts, hélas! on le vit bientôt.

Douze milliards, trois cent mille vies humaines moissonnées dans leur fleur, la perte de nos deux plus belles et plus patriotiques provinces, l'humiliation pour de longues années de notre pays : voilà ce qu'a coûté à la France cette journée néfaste du 15 juillet où la guerre avait été réclamée! Voilà l'expiation de ce double crime envers la Patrie : des électeurs qui votent mal par ignorance, par oubli de l'intérêt général ; des élus incapables et sans courage !

LIVRE II

Le Soldat.

CHAPITRE PREMIER

La loi de la guerre.

Nous voici arrivés, mon enfant, au grand chapitre, au chapitre pour lequel tout ce livre est écrit. Je ne t'ai dit pourquoi il fallait aimer sa Patrie, surtout quand cette patrie est la France, qu'afin que cet amour même te rendît faciles les sacrifices qu'elle peut un jour réclamer de toi. Ils sont grands, car le sacrifice peut être celui de ta vie. Mais on n'est un homme qu'à la condition de l'accepter vaillamment.

Ah! mon petit ami, si la terre était plus petite, s'il n'existait qu'une nation au monde, si seulement tous les peuples étaient justes et si aucun ne désirait s'agrandir aux dépens du voisin, la paix pourrait régner sur la terre. Il suffirait, pour que la Patrie fût prospère, que chacun fût travailleur, honnête homme, bon citoyen. Mais cela n'est pas, et il ne dépend d'aucun de nous d'empêcher d'être ce qui est, de changer le monde. La vérité, la voici.

Si je reviens sur une idée que déjà je t'ai présentée, pardonne-le moi : c'est qu'il faut qu'elle entre bien dans ta petite tête.

Il existe en Europe, pour parler de l'Europe seulement, six ou sept nations qui toutes se jalousent les unes les autres, et veulent le premier rang. Qu'elles y parviennent par la force ou la ruse, peu leur importe, l'essentiel pour elles c'est de le conquérir.

Si un être supérieur intervenait dans les choses humaines, soutenait le faible quand il est attaqué, faisait tonner sa foudre contre le violent et l'injuste et rétablissait la balance, tu pourrais te reposer sur lui du soin de te protéger. Mais, tu le sais bien, cela n'est pas. Jamais la Providence n'a empêché le goujon d'être avalé par le brochet ni le mouton d'être mangé par le loup. Tu sais bien ce que l'on répète : « que Dieu est toujours du côté des gros bataillons; » et tu connais aussi ce proverbe ancien : « le ciel n'aide que ceux qui s'aident eux-mêmes. » Sitôt qu'il y a lutte en ce bas monde, c'est toujours à celui qui possède les dents et les griffes les plus solides qu'appartient la victoire. Ne compte donc pas sur le Ciel pour intervenir en ta faveur.

S'il y avait dans notre Europe un tribunal constitué pour juger les différends entre les peuples, comme il existe des tribunaux pour juger les procès entre les particuliers, tu pourrais, confiant dans la justice de ta cause, la porter devant ce tribunal, sans lui donner d'autre défenseur qu'un bon avocat. Mais cela non plus n'existe pas, mon enfant. Il n'y a point en Europe de tribunal international, et s'il en existait un il ne serait pas équitable, car les juges ne seraient pas impartiaux. Ils jugeraient les procès, non selon la justice, mais selon leur propre intérêt et leurs ambitions.

La conclusion, tu la vois. Dans les contestations entre les peuples, ce n'est pas le droit, c'est la force seule qui prononce. Quand les moyens de conciliation ont été épuisés, quand il y a d'un côté ou d'un autre un droit qui prétend être respecté, ou une violence qui prétend s'imposer, il ne reste qu'un seul argument pour trancher le débat. C'est celui qu'on a appelé « la dernière raison des rois », et qu'on peut appeler aussi bien la dernière raison des peuples : les coups de fusil et les coups de canon. On se bat; après qu'on s'est battu, il y a un vainqueur et un vaincu. Le vainqueur dicte la loi, le vaincu la subit; et nous le savons bien, nous les vaincus de 1870 !

N'attends rien du Ciel pour défendre ta Patrie. N'attends rien de la protection de l'Europe. Sur qui peux-tu compter? Sur toi seul. Ta Patrie, il faut que ce soit toi qui la défendes, si tu veux qu'elle vive. Ce ne sera rien d'avoir pour toi le droit si tu n'as pas la force en même temps. Comment s'appelle cette force? Elle s'appelle l'Armée.

Tu comprends maintenant pourquoi la guerre a jusqu'ici existé et sans doute existera bien longtemps encore dans l'humanité. Pour qu'elle eût un terme il faudrait que tous les peuples fussent justes ou qu'un arbitre supérieur leur imposât le respect de la justice. Ce beau jour ne se lèvera pas de sitôt, et que tu serais naïf, mon enfant, et prédestiné comme les bœufs à être mené un jour à l'abattoir, si tu te figurais un seul moment qu'il est venu !

Il y a des guerres abominables, et de ces guerres-là j'espère que ton pays jamais plus n'en entreprendra. Ce sont les guerres de conquêtes, les guerres où un peuple, parce qu'il a la force, essaie d'opprimer un autre peuple libre et de lui imposer ses lois. C'est l'assassinat commis par un bandit qui se poste armé au coin d'un bois et détrousse le voyageur, qui l'égorge pour le dévaliser. Mais, à côté de cette guerre impie, il en est une autre qui est la guerre sainte. C'est la guerre où l'homme défend sa Patrie, repousse l'envahisseur et le force à lâcher sa proie ; c'est la guerre où l'on combat pour le patrimoine sacré que nous avons reçu de nos pères et que nous voulons transmettre intact à nos descendants ; c'est la guerre pour l'indépendance nationale, pour la civilisation, pour les autels et pour les foyers, selon la belle expression des anciens. Celle-là ne saurait être faite avec trop de courage, de résolution, d'énergie prête à tous les efforts ; elle est le plus noble emploi qui puisse être fait de la vie humaine. C'est la guerre qu'ont soutenue nos ancêtres contre l'Anglais envahisseur, maître de la moitié de la France ; c'est la guerre qu'ont soutenue nos grands-pères, fils de la Révolution, contre l'Autriche, la Prusse, l'Angleterre coalisées, afin de chasser l'étranger du sol natal ; c'est la guerre qu'a soutenue en 1870 la Défense nationale pour disputer au vainqueur, tant qu'il est resté entre ses mains un tronçon d'épée, les provinces qu'il voulait nous arracher. Dans cette guerre-là, ce n'est plus la force qui accable le droit ; c'est la force au contraire qui se met au service de la justice et du droit, pour les faire triompher. Quand elle réussit, comme au temps des guerres de l'Anglais et de la Révolution, elle offre le plus noble, le plus consolant spectacle qui puisse être vu sur la terre : quand on y est vaincu, il reste au moins cet honneur, d'avoir combattu pour la justice et cette consolation, d'espérer. Il n'y a rien, vois-tu, qui soutienne les cœurs et rende capable de prendre un jour sa revanche, comme cette conviction que, si l'on a succombé, ç'a été en défendant la bonne cause.

CHAPITRE II

Le service obligatoire.

Tu seras soldat. Le soldat c'est l'enfant de la Patrie, armé pour défendre sa mère. En France tout le monde est soldat désormais ; et de toutes les lois qu'ait faites ton pays, celle-ci est la plus juste comme la plus belle. Le temps n'est plus où l'on pouvait avec de l'argent « acheter », comme l'on disait, un homme, se faire remplacer par un autre sous les drapeaux ; non, ce temps-là n'est plus. Il n'y a plus de somme d'argent que l'on puisse mettre dans un plateau de la balance pour compenser dans l'autre le prix d'une vie humaine. Cet impôt, qu'on appelle l'impôt du sang, pèse également sur tous les Français. Si une guerre vient à éclater, il faut que, riche ou pauvre, noble ou roturier, patron ou ouvrier, tout le monde marche et paye de sa personne, si son âge lui ordonne de marcher ; et ni les obus ni les balles ne font de distinction entre les personnes. Pour tous à la guerre, officiers ou soldats, les périls sont les mêmes.

Mais ce n'est pas une charge seulement que de porter les armes, c'est un honneur aussi. L'armée française n'admet dans ses rangs que les hommes sans tache. Celui qui est un malhonnête homme ne lui paraît pas digne de tenir en main le drapeau ; elle ne donne place aux voleurs et aux criminels que parmi les compagnies de discipline. Je ne crains pas que tu sois de ceux-là, pas plus que je ne crains que tu sois de ces lâches qui, à vingt ans, au moment où le service obligatoire les appelle, où il s'agit pour eux de payer à la patrie les bienfaits que jusque-là ils ont reçus d'elle, franchissent la frontière et désertent. Ceux-là la terre natale leur est interdite à tout jamais.

Tu seras soldat. Mais on n'accomplit bien que les devoirs qu'on s'est longtemps d'avance préparé à accomplir. On ne s'improvise pas soldat, mon enfant, pas plus qu'on ne s'improvise quoi que ce soit; personne n'a jamais trouvé dans une bourse que l'argent qu'il y avait mis d'avance. Te figurer que, par cela seul que tu auras un jour revêtu un uniforme une tunique bleue et un pantalon rouge, tu trouveras dans cet uniforme, les vertus qui font le bon soldat, ce serait une étrange illusion. Ce n'est pas l'uniforme qui fait le soldat, c'est l'homme qui habite sous cet uniforme. Applique-toi donc dès aujourd'hui, tout petit que tu sois encore, à être un jour cet homme-là.

CHAPITRE III

Les qualités physiques du soldat.

Qu'est-ce qu'un soldat? Ecoute bien. Un soldat est d'abord un homme robuste. On n'est dans la vie ordinaire un bon ouvrier ou un bon paysan, qu'à la condition de se bien porter. L'homme malade ne fait pas de travail : loin de gagner sa vie, il faut que les autres

prennent soin de lui. Mais à la guerre il ne suffit pas
de n'être pas malade : il faut encore être capable de
supporter les fatigues. De tout ce qui réclame une
bonne santé, il n'y a rien qui en exige autant qu'une
campagne militaire.

Il y a d'abord les fatigues de la bataille, sans parler
des périls, et parfois elles se prolongent pendant une
journée tout entière. L'homme faible est épuisé au
bout de quelques heures; l'homme fort garde son énergie
jusqu'au bout. Si une blessure survient, celui qui résiste à une opération ce n'est pas l'homme faible, c'est
l'homme fort. Où l'un succombe l'autre guérit.

Mais le jour de la bataille, tout décisif qu'il soit par
ses résultats, n'est qu'un épi-
sode de la guerre. Si tu comptes
les victimes d'une guerre, tu
verras, mon enfant, que ceux
qui sont morts par le feu sont
toujours le petit nombre. Le
grand nombre ce sont toujours
ceux qui meurent dans les hôpitaux, de maladie, de contagion
ou de langueur.

Les vrais soldats ne sont pas
ceux que l'on enrégimente à tel
ou tel jour, ce sont ceux qui
peuvent jusqu'au bout faire
leur service, coucher souvent sur la terre nue sans at-
traper une fluxion de poitrine, souffrir la soif ou la
faim, attendre une distribution de vivres qui est en retard sans faiblir, accomplir des marches forcées. Dix
mille hommes capables de résister à ces épreuves
valent mieux que trente qui n'y sont pas rompus. C'est
là le mérite des vieilles troupes. Elles ont laissé en

chemin tous ceux pour qui ces épreuves étaient trop dures : les survivants sont faits à tout. Rappelle-toi les soldats de la divison Masséna au mois de janvier 1797. Ils avaient marché toute une journée et une nuit et combattu à Vérone. Le soir de la bataille ils se remirent en marche toute la nuit et gagnèrent la bataille de Rivoli; puis ils marchèrent toute la nuit et le jour encore et vainquirent à la Favorite. C'étaient là de vrais soldats ! Ceux-là seuls comptent et sont utiles, qui sont présents sur le champ de bataille et en état d'y faire œuvre d'homme.

Etre soldat, mon enfant, c'est d'abord supporter vaillamment les privations et les fatigues. Le plus souvent ce n'est pas le jour même du combat que se gagnent les victoires; c'est dans les mouvements des jours qui précèdent.

C'est le rôle du général d'ordonner ces mouvements ; mais que lui servirait de les ordonner si les soldats n'étaient en état de les exécuter ? C'est un grand capitaine, Napoléon Ier, qui a dit que l'on gagnait les batailles avec les jambes des soldats. Combien de batailles ont été ou gagnées ou perdues avant même d'être livrées ! Je ne veux t'en citer qu'un exemple douloureux. Le jour de Sedan, cette date néfaste, avant même que la canonnade commençât, au petit matin, la bataille était perdue pour nous. On disait alors que les Allemands, au pied plat, ne savaient pas marcher; quelle erreur ! Depuis six jours leurs deux armées cheminaient à travers champs, à travers bois; dès le petit matin de la journée de Sedan ils nous entouraient de toutes parts, ils nous avaient enveloppés sans issue possible pour la retraite. Nous étions enfermés comme dans une cuve où pleuvaient de toutes parts les obus. Et nous leur avions laissé prendre cet avantage irré-

parable! Et nos troupes ayant des chemins de fer à
leur disposition avaient su faire moins de chemin que
les ennemis qui nous poursuivaient! Nous leur avions
laissé prendre jusqu'à l'avantage des positions!

Un bon soldat est robuste, résistant aux fatigues,
résistant aux privations, résistant aux maladies. Que
de pauvres mobiles,
hélas! sont morts du-
rant la lugubre cam-
pagne de 1870-1871
parce qu'ils n'étaient
pas assez robustes!

Mais ce n'est pas as-
sez d'être robuste. Il
faut qu'un soldat soit
agile, adroit de tous
ses membres. Que de
chances a pour lui un
cavalier qui se tient
bien en selle, qui sait
se dégager rapidement
si son cheval est at-
teint par un obus, au
lieu de tomber avec lui

et d'avoir la jambe cassée! Et, pour un fantassin aussi
que de chances favorables s'il a bon pied, bon œil, s'il
aperçoit le premier un ennemi à portée, s'il peut tirer
le premier et bien tirer, s'il pare à temps dans la
mêlée un mauvais coup!

On ne se bat plus aujourd'hui, comme jadis, en
masses profondes, en colonnes compactes. L'infanterie
s'éparpille et se disperse pour offrir moins de prise au
feu de l'ennemi. Compare deux hommes un seul moment; l'un qui est gauche et lent à se mouvoir, l'autre

qui sait profiter du moindre abri : un tronc d'arbre, une grosse pierre, un sillon ; qui peut lestement, qu'il avance ou qu'il recule, aller d'un abri à un autre, sauter un fossé ou franchir un mur : lequel des deux échappera plus aisément aux balles de l'ennemi et lui enverra plus utilement les siennes ? On dit parfois que dans la guerre moderne, grâce aux progrès de l'artillerie, l'initiative du soldat a disparu : c'est tout le contraire qui est vrai et jamais cette initiative du soldat n'a été plus grande. Tu le verras bien quand on t'exercera à la petite guerre.

Te préparer à être ce bon soldat, robuste, leste, adroit, ce n'est pas pour toi, mon enfant, un travail bien pénible : pour cela tu n'as au contraire qu'à te livrer à tous les goûts de ton âge. Pour bien te fortifier, toi, fais de la gymnastique, non pas celle qui consiste à exécuter des tours de force, mais celle qui exerce tous les membres : saute des fossés, grimpe aux arbres, monte à cheval, nage, cours avec tes camarades et tâche de courir plus vite qu'eux : pratique les barres, la mérelle, le palet, tire de l'arc, deviens habile chasseur, si tu peux, car la chasse est comme un apprentissage de la guerre : apprends à marcher sans bruit dans un fourré ; sache guetter et attendre une proie. Tiens tes yeux et tes oreilles toujours bien éveillés, sois le maître de tes jambes comme de tes bras : apprends par-dessus le marché à n'avoir pas peur de te fatiguer, à supporter sans te plaindre la faim ou la soif ; endurcis-toi le corps. Tu auras déjà acquis par avance, si tu fais tout cela, beaucoup des qualités du soldat

CHAPITRE IV

L'éducation militaire.

§ I. — *L'instruction technique.*

Voici d'autres qualités que déjà tu peux acquérir pareillement. Une armée a besoin tantôt de marcher au pas, tantôt de se rassembler ou de se disperser, tantôt de se porter en avant, tantôt de se replier en arrière. Pour que ces mouvements s'accomplissent utilement, pour que la confusion ne se mette pas dans les troupes et que les corps divers ne se confondent pas, il faut que tous les mouvements se fassent avec un ordre parfait ; qu'une compagnie, qu'un bataillon, qu'un régiment, un corps d'armée, manœuvrent avec précision. Toute victoire est à ce prix. C'est là ce que l'on appelle proprement l'instruction militaire.

Pendant bien longtemps, c'est à la caserne seulement que nos jeunes soldats l'ont reçue. Ils y entraient souvent sans être capables de distinguer leur pied gauche du pied droit. Il fallait des mois, quelquefois des années, — car on apprend plus difficilement à vingt ans qu'à ton âge, — pour leur enseigner les marches et les mouvements, pour les former aux divers exercices, à l'école du peloton, à l'école du régiment. Eh bien ! tout cela tu n'as pas besoin aujourd'hui d'arriver à vingt ans pour l'apprendre ; tu peux l'apprendre dès maintenant, tu l'apprendras même comme en te jouant, car à l'âge où te voici tout ce qui est mouvement, exercice du corps, est un plaisir véritable. Tu aimes les roulements du tambour, tu aimes les sonneries du clairon. Durant les années qui te séparent encore du service obligatoire, tu peux, si tu le veux, apprendre à manœuvrer aussi parfaitement que les plus anciens soldats de l'armée. Dès l'école on t'enseigne à marcher au pas : il n'y a pas de commune en France où ne se trouve un vieux sergent qui soit heureux de donner des leçons à un bataillon de jeunes gens.

Cette année, à Paris, le jour de l'inauguration du nouvel Hôtel de Ville, la veille de la fête nationale, on a vu arriver à la cérémonie les bataillons scolaires composés de tous les petits garçons comme toi. Ils marchaient avec une crânerie qui faisait plaisir à voir: ils ont exécuté avec un ordre admirable tous les mouvements qui leur ont été commandés ; ils avaient bien mérité le petit drapeau qui leur a été remis; ils sauront défendre le vrai drapeau le jour où ils seront grands. Au banquet que la municipalité de Paris leur offrit, M. Jules Ferry, ministre de l'instruction publique, les a harangués; il a salué en eux l'espoir de la Patrie. Avant peu, mon enfant, cet exemple, parti de la grande ville, aura été partout suivi : il y aura par toute la France des bataillons scolaires. Tu trouveras ta place dans l'un d'eux.

Et vois si l'institution est bonne et patriotique ! A peine l'avons-nous établie, que l'Allemagne songe aussitôt à nous l'emprunter. M. de Moltke, notre vainqueur de 1870, a déclaré que l'Allemagne, elle aussi, devait s'empresser d'organiser des bataillons scolaires. Elle aura bientôt les siens, et puisse-t-elle ne pas les avoir avant que nous ayons les nôtres ! Dans les bataillons scolaires on n'apprend pas seulement à marcher et à faire des mouvements ; on y apprend à manier les armes : le petit soldat y fait, avec de petits fusils, le simulacre de ce qu'il fera plus tard avec des fusils véritables. Ce sont les Romains, ce peuple guerrier entre tous, qui ont dit cette parole, « que les armes d'un soldat ne doivent pas être seulement des armes, mais qu'elles doivent être comme d'autres membres de son corps, dont il se sert aussi librement, dont il est aussi bien le maître que de ses bras et de ses jambes. »

Ce qui te fait peur et te répugne dans le service obligatoire, ce ne sont pas les périls de la bataille ni même les fatigues de la campagne, n'est-ce pas ? C'est le long temps passé à la caserne, où l'on ne peut ni travailler pour soi ni se marier. Veux-tu savoir le vrai moyen d'abréger ce temps-là ? C'est d'arriver à la caserne sachant déjà l'exercice militaire. Tu auras ainsi économisé ce temps de l'apprentissage qui, là-bas, paraît si long. Tu ressembleras à l'enfant qui entrerait à l'école primaire sachant déjà lire, écrire et compter. Il pourrait d'emblée entrer dans la première classe et bientôt il aurait fini. Crois-tu que ce soit pour le plaisir de retenir les jeunes gens sous les drapeaux qu'on les y retienne, qu'on les nourrisse ? Non pas : c'est qu'il faut bien, pour la sécurité nationale, leur apprendre le métier de soldat. Arrive à la caserne, sachant déjà tout ce qu'il faut savoir, prêt à bien faire ton devoir le jour où il sera nécessaire — et cela dépend de toi ; — alors je te le promets, on ne t'y retiendra pas longtemps.

§ II. — *L'intelligence et l'instruction générale.*

Retiens bien ceci encore :
Un bon soldat est intelligent et instruit. Plus il est

intelligent et instruit, meilleur soldat il est : car il comprend mieux les ordres qu'il reçoit et sait mieux les exécuter. Il n'est pas seulement l'instrument passif de la volonté de ses chefs. Il entend ce qu'ils veulent, et met toute son initiative, toute son application, toute son énergie, à les seconder. Il sait mieux qu'un autre et pourquoi il se bat et comment il doit se battre. Profite donc de ton mieux des leçons qui te sont données à l'école, car, en mettant à profit ces leçons, tu te prépares à bien défendre un jour la Patrie. Si tu connais la langue de ceux que tu combats, si tu sais lire une carte, te renseigner, reconnaître une route, t'orienter ou le jour ou la nuit dans un pays nouveau, ce seront là pour toi autant d'avantages précieux.

Pourquoi ne pas te dire la vérité, si humiliante qu'elle soit? Ç'a été là, pendant la guerre de 1870, une

des grandes supériorités de nos ennemis. Ce n'est certes pas que l'Allemand soit plus intelligent de nature que le Français ; tout au contraire, il est lourd et lent d'esprit. Mais tandis que, chez nous, on dédaignait alors l'école primaire, l'Allemagne avait partout des écoles ; les soldats ennemis savaient tous lire et écrire, tous à peu près savaient faire usage d'une carte, tandis que chez nous, les officiers seuls avaient des cartes et étaient capables de les déchiffrer. Tu vois quels avantages ils possédaient sur les nôtres.

§ III. — *L'éducation morale : 1° le soin de sa personne,*
le soin de ses armes.

Un bon soldat est soigneux : soigneux de sa personne, soigneux de ses armes. Si l'on passe, à la caserne, avec tant de soin la visite des uniformes, la revue des armes, si l'on punit un homme pour un bouton qui manque ou un fourniment qui n'est pas astiqué, ce n'est pas pour le seul plaisir qu'une troupe fasse bonne figure un jour de revue : c'est d'abord et surtout parce qu'on ne fait bien les choses essentielles qu'à la condition de ne pas négliger les plus petites.

Prendre de bonnes habitudes est une des plus grandes vertus de l'homme. A la veille de la bataille d'Inkermann, pendant la guerre de Crimée, on releva morte une sentinelle française, percée de plusieurs coups de baïonnette. Son fusil était en mauvais état, la baïonnette toute rouillée ne pouvait plus s'appliquer au canon. Si ce soldat eût été plus soigneux, il est probable qu'il n'eût pas été tué. Même surpris, il eût pu tout au moins se défendre, tirer un coup de fusil, faire usage de sa baïonnette. Il a payé de sa vie cette négligence.

2° *La discipline.*

Mais voici la grande vertu militaire qui est une grande vertu morale. Le bon soldat est le soldat discipliné. Eût-il toutes les autres qualités, elles ne sont rien sans celle-ci.

Le bon soldat obéit à ses chefs, du caporal placé

tout près de lui, jusqu'au commandant en chef. Il leur obéit sans murmurer, sans hésiter, sans mettre d'intervalle entre l'ordre reçu et le commencement de l'exécution. Tu sais le nom de cette obéissance; elle s'appelle l'obéissance passive. Sans elle il n'est point d'armée possible.

Même à l'armée, ta dignité d'homme t'appartient tout entière. Tandis qu'en Allemagne, par exemple, les officiers ont le droit de frapper les hommes, droit dont ils usent largement, et de les faire mar-

cher à force de soufflets et de coups de pied; toi, Français, et tu le sais, personne ne peut te toucher. L'officier ou le sous-officier qui t'aurait frappé, si tu bondissais sous l'outrage, si tu lui enfonçais ta baïonnette dans le corps, il n'est pas un conseil de guerre qui ne te renvoyât absous. Mais quand ton chef te commande, au nom de l'autorité qu'il a reçue, quoi qu'il te commande, tu le sais aussi, tu n'as qu'à obéir aussitôt.

Et il n'est pas besoin que tu réfléchisses longtemps pour comprendre qu'en effet il en doit être ainsi. Une armée, c'est une énorme machine combinée en vue d'un résultat à produire. De cette machine, toutes les divisions, tous les régiments, toutes les compagnies, ne sont que des rouages : tu n'es rien, toi individu, qu'une partie infiniment petite de l'un de ces rouages. Ce n'est que par ta docilité que tu peux contribuer au succès. Le général en chef a ses desseins, et son rôle est de tout calculer pour l'effet qu'il se propose ; mais ces desseins, il ne les dit à personne, car il faut qu'ils soient ignorés de l'ennemi.

Cette marche à laquelle tu ne comprends rien, qui semble te faire reculer quand tu voudrais avancer, exécute-la sans demander pourquoi ; dans quelques jours, tu comprendras pour quelle raison elle a été commandée, et comment c'est par elle que le succès a été préparé ; — c'est ainsi, mon enfant, que le général Bonaparte a gagné la bataille d'Arcole, tandis que les vieux soldats de la campagne d'Italie croyaient d'abord à une retraite humiliante. Cette attaque qui te déconcerte et où il te semble que l'on te mène à une mort certaine, exécute-la sans hésiter : le général en chef a ses desseins : il veut tromper l'ennemi, attirer d'un côté le gros de ses forces, tandis qu'une autre partie de l'armée va, de l'autre côté, opérer l'attaque véritable, celle qui va assurer aux tiens la victoire : — c'est ainsi que Napoléon a gagné la bataille d'Austerlitz et bien d'autres. Tu ne vois des mouvements d'une armée ou de ceux d'une bataille qu'un tout  petit coin, le coin où tu es, et tu voudrais juger de l'ensemble ! Quelle folie ! Fais ton devoir, là où tu es, exécute les ordres qui te sont donnés, exécute-les avec toute la bonne volonté, tout le zèle dont tu es capable. Voilà comment tu peux contribuer, quelque part que tu sois placé, au succès des opérations et réclamer ensuite ta part de gloire dans la victoire de tous. Le soldat raisonneur, toujours prêt à critiquer ses chefs, qui saurait mal commander parce qu'il sait mal obéir, qui se laisse décourager et propage le découragement, qui ne fait qu'à contre cœur ce qu'il doit faire, celui-là est un mauvais soldat et condamné d'avance à être vaincu.

Toutes ces vertus militaires, tu n'as pas besoin d'avoir vingt et un ans pour les acquérir. Tu peux dès à présent t'y former. Tu peux dès maintenant cultiver ton intelligence et t'instruire; tu peux dès à présent t'habituer à être propre, soigneux de tes habits et du petit fusil qui t'est confié; tu peux dès à présent t'accoutumer à la discipline : tu n'as qu'à être sage et docile dans l'école, tu n'as qu'à écouter les instructeurs militaires, à obéir sans marchander aux consignes qu'ils t'imposent. Si tu fais cela, il n'y aura pas besoin qu'on te garde plus tard bien longtemps à la caserne. Ce qui est le plus long à apprendre, quand on n'y est pas préparé, ce n'est pas, crois-le bien, la manœuvre ou l'exercice du fusil et de la baïonnette, ce sont ces vertus que je viens de t'énumérer : c'est l'ordre, c'est l'obéissance, c'est le respect de la discipline. C'est pour cela que les vieux soldats ont été si longtemps les seuls bons soldats; c'est pour cela qu'on a dû garder tes aînés sept ans, puis cinq ans sous les drapeaux.

CHAPITRE V

La guerre.

Mais maintenant, halte encore une fois! Tu es instruit, tu connais les manœuvres, tu es intelligent,

tu es discipliné, tu sais obéir. Tout gamin que tu es, tu
as appris tout cela. Eh ! bien, tout cela n'est rien si à
ces vertus tu n'en joins une dernière, sans laquelle
le reste ne compte pas : le cœur...

La santé, l'instruction militaire, l'intelligence, le
sentiment de la discipline, sans ces qualités on n'est
pas un bon soldat. Mais l'âme du soldat, c'est le courage. Le soldat, c'est l'homme qui se bat.

A l'âge où tu es, tu n'es pas soldat, tu joues au soldat ; et ce jeu t'amuse parce que tu es un garçon et le
fils d'une race guerrière. On te fait marcher au pas, et
tu t'en divertis ; on te met en-
tre les mains un petit fusil qui
ne part pas, et tu t'en divertis ;
on te fait exécuter des marches,
et tu t'en divertis ; on te conduit
à des revues, et tu t'en divertis ;
on te mènera peut-être un jour
à la petite guerre, et tu t'en
divertiras. Tout cela est pour
de rire ! La revue ou la petite
guerre finie, tu rentreras tran-

quillement à la maison après avoir manœuvré, chanté
des chansons patriotiques, entendu rouler les tambours, pris ta part d'un banquet. Oui encore une fois,
tout cela c'est pour de rire ! Tu n'as couru aucun
danger, tu t'es grisé sans péril de ton propre enthousiasme. Tu n'as pu même avoir peur un moment.
Tous ces exercices n'étaient que des parties de plaisir.

Mais patience ! Tu arrives à vingt et un ans. Ah !
maintenant, te voilà soldat pour de bon. Voici qui
n'est plus pour de rire et ne ressemble plus à une
partie de plaisir. Les fusils sont réellement chargés!

A chaque cartouche brûlée il sort du fusil une

balle, comme à chaque éclair il sort un obus des canons. Tu n'as plus devant toi d'autres Français, tes amis, qui représentent avec toi une comédie concertée d'avance. Tout le monde met dans la partie sa vie comme enjeu. Il y a, le soir de la fête, des milliers de morts, bien vivants le matin encore, qui restent étendus sur le champ de bataille. Il y a, bien plus nombreux encore, des milliers de blessés qui râlent et qui saignent. Voilà ce que c'est que la guerre. Fortifie dès aujourd'hui ton cœur, si tu veux qu'au jour de l'épreuve, au jour du danger, les forces ne te manquent pas. A mesure que tu grandis, impose-toi à toi-même des épreuves, essaie ton courage, pour n'avoir pas à redouter de défaillance.

Ici ce n'est plus par des préceptes, mon enfant, c'est par des exemples qu'il faut t'instruire. Ce sont ces exemples qui te montrent la voie. Ce que d'autres ont fait, vraiment tu le peux faire aussi si tu le veux : ils n'étaient pas pétris d'une autre matière que toi.

§ I. — *Le courage.*

La première fois que tu entendras siffler autour de toi les balles et les obus, tu commenceras par avoir peur, grand'peur même : tu salueras les balles et tu penseras que tu aimerais beaucoup mieux être ailleurs. N'aie pas honte de ce sentiment, les plus braves l'ont éprouvé ; quelques-uns même l'ont toujours éprouvé un moment à chaque bataille nouvelle. Tu sais bien le mot de Turenne, ce capitaine si vaillant, s'adressant à son propre corps : « Tu trembles, carcasse ! Tu tremblerais encore bien autrement si tu savais où je prétends te mener ! » Mais on est fier : on ne veut pas montrer aux camarades qu'on a peur; on se raidit contre ses nerfs et bientôt on en est le maître. Après quelque temps on est fait à la musique du canon et de la mitraille; on ne songe même plus au danger. Toutes les balles ne tuent pas, ni ne blessent pas : tant s'en faut. Pour tuer un homme on a compté qu'il fallait beaucoup plus de plomb qu'il ne pèse lui-même.

Tu sais le nom de Murat, le fameux général de cavalerie ! Vêtu d'un superbe uniforme tout chamarré de broderies et de couleurs voyantes qui faisait de lui un point de mire, il chargeait à la tête de ses escadrons sans autre arme qu'une cravache. En vingt années, il ne reçut pas une égratignure. Et Ney, celui qu'on avait nommé le « brave des braves » en ces temps de guerres héroïques, lui non plus, en vingt années, sur tous les champs de bataille où il s'exposait sans cesse, ne fut pas touché une seule fois. Comme Murat, les seules balles qui l'atteignirent furent les balles du peloton qui le fusilla : et ces balles-là, hélas ! furent des balles françaises.

Un vaillant dans un combat n'est pas plus exposé qu'un poltron ; il l'est même moins, car, tandis que le poltron est paralysé par la terreur, le vaillant garde son sang-froid, se défend mieux, pare mieux les coups, en porte de plus assurés. Si le chef commande en avant, il s'élance aussitôt, il trouble l'ennemi par des mouvements hardis ; il arrive sur une batterie, et la fait taire ; il débusque d'un bois ou d'une maison les tirailleurs qui, derrière cet abri, le fusillaient à leur aise.

Il est l'honneur de la race, le courage ! Sans doute il naît des braves partout et, selon la belle expression du maréchal Bugeaud, « les braves de tous les pays se comprennent, » fussent-ils ennemis. Mais sur aucun sol plus de braves, hommes ou femmes, n'ont poussé que sur le sol français.

La vaillance, c'est l'héritage, c'est la tradition de tes pères. Avant Bayard, le chevalier sans peur et sans reproche, qui, mortellement blessé, voulut mourir le visage tourné vers l'ennemi ; après Bayard, aussi, toujours les Français ont été braves.

.Tantôt la bravoure consiste à marcher hardiment, à courir sur l'ennemi : tantôt, au contraire, elle consiste à résister, à garder résolument un poste qu'à tout prix il faut conserver, soit pour arrêter l'ennemi, soit pour donner à une autre partie de l'armée le temps d'exécuter le mouvement qui décidera la victoire. Ce courage-ci, mon enfant, c'est le plus difficile au tempérament français qui est impétueux ; c'est pourtant souvent le courage le plus utile.

Voici un exemple qui te montrera bien ce que c'est que ce courage résolu. Pendant les guerres d'Algérie, le capitaine Lelièvre se trouva enfermé, avec cent vingt-trois hommes, dans la petite redoute de Mazagran. Il avait peu de canons, de mauvaises défenses ; dix mille cavaliers arabes l'assiégeaient ; la position semblait désespérée, et pendant trois jours les assauts ne cessèrent pas. Mais le capitaine Lelièvre était un brave ; il ne regarda ni le nombre ni les périls ; il repoussa toutes les attaques, et le quatrième jour Mazagran était délivré. Je te cite cet exemple entre cent autres.

§ II. — *L'héroïsme.*

Voici maintenant quelque chose de plus que la bravoure. C'est l'héroïsme : c'est-à-dire une bravoure supérieure : celle qui va au-devant du péril, et, non contente de faire son devoir, aspire à faire quelque chose de plus. Celle-ci, c'est aux âmes d'élite qu'elle appartient.

S'il faut accomplir un acte extraordinaire, s'il faut lutter un contre dix, s'il faut risquer un effort où il y a quatre-vingt-dix-neuf chances de périr contre une seule d'échapper, s'il faut entreprendre une de ces tentatives devant lesquelles les braves mêmes hésitent, un homme apparaît soudain et dit : « Me voici ! je suis prêt. » Celui-là, c'est le héros. Le danger, loin de l'effrayer, le surexcite. Peut-être as-tu entendu citer déjà ce mot d'un soldat hésitant à sauter un grand fossé plein d'eau : « Mais ce fossé, lui dit son chef, tu l'as franchi hier sans barguigner. — Oui, capitaine, répond le soldat : mais hier il y avait aussi de l'autre côté, des ennemis qui nous tiraient dessus. »

De traits d'héroïsme nos annales sont pleines. En voici deux seulement : l'un emprunté au siècle dernier, l'autre à notre siècle : car j'aime à te montrer la vieille France toujours semblable à elle-même, quelques révolutions qu'elle ait traversées. Ce sont deux soldats qui les ont donnés : et j'aime aussi à prendre les beaux exemples chez les petits,  ceux qui ont eu le plus de mérite à être héroïques.

Voici le premier trait.

C'était en 1741, pendant la guerre de la succession

d'Autriche. Chevert, lieutenant-colonel, se trouva au siège de Prague. Au moment où l'on posait la première échelle, il rassembla ses sergents, et leur dit :

« Mes amis, vous êtes tous des braves, mais il me faut ici un « brave à trois poils ». Le voilà, ajouta-t-il en mettant la main sur l'épaule du sergent Pascal.

Vois-tu cette sentinelle là devant ?

— Oui, mon colonel.

— Elle va te dire : « Qui va là ? » Ne réponds rien, mais avance.

— Oui, mon colonel.

— Elle tirera sur toi et te manquera.

— Oui, mon colonel.

— Tue-la : je serai là pour te défendre.

— Oui, mon colonel. »

Les choses se passèrent comme Chevert l'avait prédit, et la ville fut prise.

Et voici le second exemple : celui d'un homme dont sans doute tu connais le nom déjà : du sergent Hoff.

Il vit toujours : il est aujourd'hui le gardien de l'Arc de l'Etoile. Pendant le siège de Paris, il était enfermé dans la grande ville. Il ne rechercha rien que le danger. Se glisser la nuit jusqu'aux sentinelles ennemies, les frapper ou les ramener prisonnières, tenter sans cesse de hardis coups de main pour la patrie, telle fut sa seule pensée. Il ne s'imaginait certes pas alors qu'un jour viendrait où il serait l'objet d'infâmes calomnies, où de mauvais Français l'accuseraient d'avoir été un espion de cet ennemi qu'il détestait, qui l'eût tué de si bon cœur s'il l'eût pu faire. Si un homme fut un héros, c'est bien celui-là.

Ce furent des héros aussi que les gardes forestiers qui, en 1870, tandis que Metz était assiégé se sont dévoués pour porter à la France des nouvelles de Metz, ou à Metz des nouvelles de la France. Ils partaient avec une dépêche de quelques mots qu'ils avaient promis de remettre. Beaucoup sont partis ; un seul a survécu. Il a déposé au procès de Bazaine comme un témoin accablant.

Ç'ont été des héros également que ces hommes qui, durant le siège de Paris, ont essayé de forcer les lignes des Prussiens. Ils sont morts presque tous, eux aussi !

A ces héros laisse-moi ajouter une héroïne entre bien d'autres : cette jeune fille, directrice d'un bureau de télégraphe, Mademoiselle Dodu. Surprise par les Prussiens qui voulaient se servir d'elle pour tromper les Français par de fausses dépêches, elle sut tromper l'ennemi, elle sut avertir ses compatriotes : si elle échappa à la mort, ce fut un miracle. Elle l'avait dix fois méritée, selon les règles établies par un vainqueur sans pitié. Jamais croix de la légion d'honneur n'a été mieux placée que sur le cœur de cette Française.

§ III. — *Le dévouement et le sacrifice.*

C'est une belle chose que l'héroïsme, n'est-ce pas ? Eh bien, il y a quelque chose de plus grand encore ; c'est le dévouement. L'homme héroïque risque sa vie ; il a quatre-vingt-dix-neuf chances de périr, mais enfin il en a une d'échapper. Peut-être bénéficiera-t-il de cette chance heureuse, unique. L'homme qui se dévoue fait plus : il ne risque pas sa vie, il la donne. Il sait d'avance qu'il va mourir ; mais cette mort il l'accepte résolument, parce qu'elle est la condition du salut de tous.

Il y a dans l'histoire romaine un trait que je n'ai jamais lu sans émotion. Les légions romaines étaient cernées en Sicile ; elles allaient être obligées de se rendre. Ce fut alors qu'un chef, quelque chose comme un colonel de notre temps, qui s'appelait Sulpicius, proposa de faire, avec une petite troupe, une diversion vers l'une des collines environnantes. Ceux qui la feraient étaient sacrifiés d'avance : mais pendant qu'ils attireraient à eux les forces de l'ennemi, l'armée pourrait se dérober. Il ne tint pas à ses hommes d'autre discours que celui-ci : « Mourons, camarades, mais par notre mort sauvons l'armée romaine. » Les choses arrivèrent comme il l'avait dit. Lui et ses hommes périrent ; mais l'armée romaine était sauvée !

Ces dévouements-là abondent dans les fastes de l'armée française. Ici c'est un régiment tout entier qui se dévoue et entre dans la fournaise, tous sachant qu'ils vont mourir ; mais leur mort seule peut retarder encore la victoire de l'ennemi et aider à se dégager leurs camarades et ils meurent. C'est l'histoire des cuirassiers de Reischoffen. Là, c'est un homme seul qui donne sa vie pour tous. Sacrifice de beaucoup ou d'un seul, c'est toujours le sacrifice. D'Assas, en sentinelle, pendant la guerre de Sept ans, est surpris : le canon du fusil sur la poitrine, l'ennemi lui promet la vie sauve, s'il se tait : mais il est la sentinelle chargée d'avertir. Il crie de toutes ses forces : « A moi d'Auvergne ! » — c'était le nom de son régiment — « voici les ennemis ! » Il tomba foudroyé ; mais son régiment ne fut pas surpris. Bien d'autres sentinelles ont ainsi mieux aimé mourir que de manquer à pousser le cri d'alarme.

Veux-tu un exemple d'hier et qui n'est pas moins beau? En 1870, les Prussiens allaient envahir Sèvres : un tambour de la garde nationale se mit à battre le rappel. Un uhlan s'élança sur lui et le menaça de lui faire sauter la cervelle s'il ne cessait. Le tambour Foury continua à battre de toutes ses forces : il fut tué sur place.

Je ne me lasse pas de te citer des exemples de ce dévouement à la patrie. Mon seul regret c'est de ne pouvoir te les faire tous connaître. En voici quelques-uns encore, empruntés à l'histoire de la dernière guerre. tu verras que si nous avons été vaincus, l'âme française du moins n'avait pas dégénéré. Ce sont des particuliers, des civils, des instituteurs, des magistrats, des prêtres qui les ont donnés. Mais le dévouement à la patrie appartient à tous : il n'est pas besoin de porter un uniforme pour l'aimer et être capable de mourir pour elle.

Au moment où les Prussiens s'apprêtaient à rétablir le pont de Pommiers, l'instituteur communal de Pasly (Aisne), nommé Debordeaux, se mit à la tête de la garde nationale, et, suivi des braves de la localité, il repoussa avec vigueur la première troupe ennemie qui se présenta en face de Pommiers. Les Allemands se retirèrent, mais en

criant qu'ils reviendraient et qu'ils sauraient se ven
ger. Dès le soir, en effet, ils revinrent à la charge.
L'instituteur et ses camarades les reçurent à coups de
fusil. Mais l'ennemi ayant traversé l'Aisne, la défense
devint impossible. Le lendemain, Pasly fut envahi
et livré au pillage. L'instituteur, dénoncé par le garde
champêtre, fut arrêté et traîné sur une hauteur. Là,
en vue du pays qu'il avait voulu défendre, il fut fusillé.

. L'instituteur Leroy, trahi comme Debordeaux, fut
accusé d'avoir distribué des armes aux gardes nationaux. On l'emmena à Vauxbuin, et on le fusilla.

Une méprise fit qu'on arrêta l'instituteur Poulette,
comme ayant fait partie d'une compagnie de francs-
tireurs. Condamné à mort à la suite d'un simple
soupçon, il fut fusillé. « Venez, citoyens de Châlons,
venez voir comment meurt un innocent! » s'écria-t-il
en allant au supplice.

Au mois de septembre 1870, peu de jours après
l'investissement de Paris, un régiment prussien prit
possession de la commune de Bougival. Son premier
soin fut d'établir un télégraphe reliant ce village à
Versailles, où se trouvait l'état-major. Le lendemain, le
fil était coupé. On le rétablit : de nouveau il fut
coupé; ainsi de suite à cinq reprises différentes. Un
jardinier de l'endroit, soupçonné d'avoir commis cet
acte, fut traduit devant une commission militaire, et
interrogé :

— Votre nom?

— François Debergue.

— Est-ce vous qui avez rompu nos fils télégra-
phiques?

— Oui, c'est moi.

— Pourquoi avez-vous fait cela?

— Parce que vous êtes l'ennemi.

— Libre, recommenceriez-vous?

— Oui.

— Pourquoi?

— Parce que je suis Français. »

Il fut condamné à mort. La nouvelle produisit une grande émotion dans le pays; les habitants offrirent une rançon de 10,000 francs aux Prussiens. Debergue refusa d'accepter. « Je ne veux pas, dit-il, qu'on donne de l'argent pour me sauver la vie; demain je recommencerais, et je ne ferais que mon devoir de Français. »

Le 26 septembre 1870, on conduisit le jardinier au lieu d'exécution; on l'attacha avec une corde au tronc

d'un arbre. L'officier qui commandait le peloton, demanda un mouchoir pour bander les yeux du condamné. « Tenez, prenez le mien dans ma poche, » lui dit Debergue. Une minute plus tard, il était mort.

Le magistrat Desmortiers, âgé de 71 ans, se battit avec courage contre les Prussiens (22 septembre 1870). Il fut pris les armes à la main, et fusillé. Placé en face du peloton d'exécution, il s'écria : « Je meurs content, puisque que je meurs pour ma patrie. »

Le 6 février 1871, les Prussiens, qui levaient des contributions à Cuchery et à Belval, entendirent des cris et reçurent des coups de fusil : ils voulurent se venger sur les habitants. Ceux-ci, terrifiés, coururent chez leur curé, l'abbé Miroy, en le conjurant d'intercéder pour eux. Il était trois heures du matin ; l'abbé s'habilla à la hâte ; mais, à peine arrivé à Belval, il se trouva arrêté et traîné devant le commandant, qui, sur la foi d'une dénonciation, l'accusa d'avoir excité ses paroissiens à la révolte. Le curé était absolument innocent du fait, et il aurait pu sans peine le prouver ; mais il comprit que s'il se justifiait, on trouverait d'autres coupables. Il ne se défendit pas et il paya de sa vie son dévouement. La ville de Reims a élevé un monument en l'honneur de ce prêtre héroïque.

Petit Français, lequel trouves-tu le plus beau, de mourir dans son lit de vieillesse et d'infirmités, ou de finir comme ces héros?

§ IV. — *La grandeur morale de la guerre.*

Et c'est là, mon enfant, ce qu'il y a de noble et de sacré dans la guerre. Oui, elle est horrible, elle est atroce ; elle moissonne les hommes à l'âge de la force : elle prend souvent les meilleurs, et comme le disait je ne sais quel général : « Ce sont les mêmes qui se font toujours tuer ! » Oui, elle fait des veuves et des orphelins en même temps que des mères inconsolées qui pleurent à tout jamais sans pouvoir même pleurer sur un tombeau. Oui, elle fait des morts, et, ce qui est plus terrible encore, des blessés, des malheureux qui se traînent quelques années infirmes ou mutilés pour succomber ensuite. Oui, elle est abominable, elle surexcite toutes les passions haineuses et féroces : elle fait sortir du cœur humain tous les sentiments brutaux; elle enseigne la fureur, la violence; elle rend impitoyable : et après tant d'horreurs, ce n'est pas toujours la bonne cause qui triomphe. Tout cela est vrai et il faut que tu le saches. Mais voici en même temps ce qu'est la guerre.

C'est elle qui empêche les peuples de s'abâtardir et de se contenter, comme but de la vie, de la jouissance et du plaisir. C'est elle qui enseigne le mieux à mépriser le danger, à être vaillant et fort, à mettre quelque chose au-dessus de la vie même. La paix est pour toutes les nations une épreuve redoutable : on s'y amollit, on y prend l'amour du bien-être et de la richesse, on est tout prêt de perdre sa force et son énergie, et de laisser à d'autres l'avantage dans l'éternelle lutte de la vie. Mais vient la guerre, comme un orage salutaire! Elle avertit à temps des périls que l'on courait; elle commande l'effort, elle oblige à retrouver soudain les mâles vertus dont on commençait à être déshabitué. Elle force l'homme à être homme; elle retrempe les nations dans un bain sanglant. Hélas! oui, ils sont perdus à tout jamais pour la patrie, ceux qui meurent, ceux qui étaient souvent les meilleurs ; et c'est là la douleur irréparable; mais leurs exemples ne sont pas perdus. Ils sont utiles même après la mort; ils excitent dans les âmes les nobles sentiments qui les ont animés; ils deviennent une semence de braves, comme les martyrs des premiers siècles devenaient une semence de chrétiens.

Et quant à ceux qui ne meurent pas — et qui, grâce au ciel, sont les plus nombreux — comme, après une guerre, ils sont plus forts et plus vaillants, précisément parce qu'ils ont fait une fois l'épreuve de leur énergie!

Avant cette épreuve-là, vois-tu, personne ne se connaît bien. Mais quand elle a été faite pour de bon, comme on est plus confiant en soi! Comme on sait mieux ce que l'on vaut! Comme on est plus résolu à affronter toutes les difficultés de la vie et capable de surmonter tous les obstacles! Celui qui a regardé bien en face les batteries vomissant les obus, que veux-tu qui puisse ensuite l'effrayer? Un peuple de soldats fait aisément un peuple de bons travailleurs et de bons citoyens.

Tout ce qu'il y a de courage, d'héroïsme, d'esprit de sacrifice dans l'humanité, c'est la guerre qui, mieux que toute autre lutte, justement parce qu'elle est la plus terrible, le fait sortir des âmes. Si la guerre n'avait jamais existé, vraiment nous ne saurions pas combien notre espèce est noble et héroïque. Elle fait les individus plus fiers, plus forts, plus généreux. Elle a écrit avec du sang le livre d'or de l'humanité.

Ah! que l'on eût surpris tous ceux qui ont accompli les beaux faits d'armes dont les annales de nos régiments gardent le souvenir, si on leur eût dit, quand ils avaient ton âge, qu'un jour ils les accompliraient! Mais l'occasion est venue, sans avoir été prévue ni cherchée le plus souvent, et alors leur grand cœur n'a pas hésité. Ils se sont trouvés des héros sans même s'en être doutés. Qui sait? Toi à qui je parle, petit bambin, qui joues aujourd'hui et grimpes aux arbres, tu seras peut-être un de ces héros à ton tour, et ton nom méritera comme leurs noms d'aller à la postérité!

CHAPITRE VI

La source des vertus militaires.

Où est la source de ces vertus militaires, belles entre toutes? Là où est la source de toutes les vertus, mon enfant : en nous-mêmes, en notre cœur. L'uniforme peut nous donner l'occasion de les manifester : il ne les crée pas ; deux morceaux de drap, l'un bleu et l'autre rouge, n'ont pas ce pouvoir. La vie de régiment, la discipline, l'exemple, peuvent les fortifier ; mais une plante ne grandit que si elle est saine, un fruit ne grossit que lorsqu'il s'est noué d'abord.

§ I. — *Le sentiment du devoir.*

La source du courage, la source de l'héroïsme, la source du dévouement poussé jusqu'au sacrifice de la vie, c'est d'abord le sentiment du devoir, cet appel impérieux de la conscience auquel on ne se dérobe pas sans remords quand une fois on l'a entendu. Tu le connais déjà, et tu sais bien que tu es content de toi quand tu as fait ce que tu devais faire, que tu t'accuses tout bas quand tu as préféré à ton devoir ton plaisir. Plus tu grandiras, plus tu deviendras un homme, et plus souvent et plus haut tu l'entendras parler cette voix de ta conscience! Tu as lu, dans les contes de fées, l'histoire de ce prince qui avait reçu en don un anneau merveilleux d'où sortait une pointe qui faisait saigner son doigt à chaque mauvaise action. Nous l'avons tous reçu cet anneau merveilleux. C'est notre conscience; mais si elle nous pique lorsque nous faisons mal, elle nous récompense aussi quand nous faisons bien.

§ II. — *Le sentiment de l'honneur.*

La source des glorieux faits d'armes, avec le sentiment du devoir, c'est le sentiment de l'honneur. L'honneur, c'est le besoin de l'homme d'être estimé des autres, de s'estimer lui-même. Oui, nous avons raison de vouloir être estimés, raison de tenir à nous estimer nous-mêmes : car ce qui fait notre grandeur, c'est notre dignité. L'honneur, c'est le surveillant jaloux et sévère qui ne nous abandonne jamais, qui ne permet aucune défaillance.

Souvent il commande plus que le devoir même ne commande; car si l'on veut mériter et l'estime des autres et la sienne, il ne suffit pas de faire son devoir strict : il faut accomplir quelque chose de plus. Il faut éviter l'ombre d'une souillure, aimer mieux mourir que subir un affront, forcer l'admiration de tous par quelque exploit extraordinaire.

C'est l'honneur qui fait que l'on tient une parole, même quand on aurait profit à ne pas la tenir; que l'on ne frappe ni une femme ni un enfant: que l'on se fait tuer pour laver une insulte; que l'on combat un contre dix sur un champ de bataille plutôt que de consentir à se rendre. L'honneur, c'est le culte de tout soldat! Sa première récompense à lui, c'est cette croix, que l'on prodigue trop aujourd'hui aux fonctionnaires et aux bourgeois, mais qui mérite si bien son nom de « croix d'honneur » quand elle est gagnée au péril de la vie par un beau fait accompli au champ d'honneur.

§ III. — *L'ambition légitime.*

Et l'ambition, elle aussi, mon enfant, est la source de bien des nobles actions. On sait qu'en se distinguant on peut conquérir, tout comme d'autres, les galons d'abord, puis les épaulettes, puis les grosses épaulettes, faire tomber un jour sur ces épaulettes les étoiles du commandement. On sait que tout soldat porte dans sa giberne, selon le proverbe, son bâton de maréchal de France ; le tout est de l'en faire sortir. Mais on veut arriver, l'emporter sur les autres : ainsi ont fait les Murat, les Lannes, les Lefebvre, tant d'autres, partis simples soldats, et qui n'ont dû leur fortune qu'à eux seuls. On se sent encouragé par ces grands exemples, et, chaque fois qu'une occasion de se distinguer apparaît, on s'élance au premier rang.

Cette ambition n'est pas un sentiment aussi pur que celui du devoir et de l'honneur, puisque l'ambitieux songe surtout à lui seul, même en faisant ce qui est bien. Mais ce n'est pas un crime que de s'aimer soi-même : et quand c'est le pays qui profite de tous les efforts que nous fait accomplir l'ambition, cette ambition est la bien-venue! Jamais elle n'est satisfaite; elle veut monter, monter toujours: elle n'a jamais assez ni de grades ni de gloire; et c'est ainsi qu'elle renouvelle toujours l'énergie, qu'elle fait sans cesse sortir de l'homme la provision de courage qu' est en lui, qu'un général de division, par exemple, s'expose à la mort aussi résolument qu'un sous-lieutenant. Crois-tu que beaucoup d'ambitions vaillent l'ambition militaire, soient plus utiles à un pays et payent celui qui en est animé d'un prix plus enviable?

Il ne faut pas médire d'un petit commis qui a voulu devenir millionnaire et qui, à force d'intelligence et de travail, y a réussi; mais devant qui se découvre-t-on plus volontiers? Devant l'ancien commis devenu millionnaire, ou devant l'ancien soldat, l'ancien sous-lieutenant devenu général de division? Lequel des deux est le plus honoré? Lequel des deux aimerais-tu mieux être? Réponds toi-même, petit Français.

§ IV. — *Le patriotisme.*

Mais voici la grande source, la source féconde entre toutes des vertus militaires, du courage, de l'héroïsme, du dévouement : c'est l'amour profond de la Patrie.

Le devoir, l'honneur, l'ambition, tout s'efface alors, ou plutôt tout se réunit et se confond, dans un sentiment supérieur qui s'appelle le patriotisme. Il communique aux âmes un saint enthousiasme. On n'a plus besoin de raisonner; on n'est pas brave parce qu'on doit l'être; on n'est pas brave parce que l'on veut s'estimer et être estimé; on n'est pas brave parce qu'un beau fait d'armes sera récompensé. On est brave, naturellement, simplement, sans effort, parce que l'on aime son pays.

Est-ce que la poule raisonne quand elle s'attaque à l'épervier qui veut dévorer ses petits? Est-ce que la femme raisonne quand elle arrache à un berceau enflammé son enfant, et songe-t-elle un moment au risque d'être brûlée elle-même? Et quand son enfant est atteint d'une maladie contagieuse et qu'elle le soigne, songe-t-elle un moment que la contagion peut l'atteindre à son tour? Non, elle ne raisonne pas : elle obéit à son cœur : elle s'oublie pour ne voir que ce qu'elle aime et qu'il faut sauver. Voilà l'image du patriotisme.

Un jour ce cri retentit : « La Patrie est en danger! » C'est la France elle-même qui s'écrie : « A moi, mes enfants! sauvez votre mère qui a tant fait pour vous! » Est-ce que tu réfléchirais, est-ce que tu hésiterais, est-ce que tu épargnerais rien, s'il s'agissait de sauver ta mère selon la nature? Est-ce que tu marchanderas davantage s'il est besoin de sauver la France?

C'est en de tels jours qu'on voit des adolescents devancer l'âge et courir à la frontière un fusil à la main. C'est en de tels jours que l'on voit, comme en 1793, un La Tour-d'Auvergne, déjà vieux, ayant fait déjà avec gloire toute une carrière militaire, oublier qu'il a déjà payé sa dette, reprendre le service dès que son pays a besoin d'être défendu, s'engager comme simple grenadier, ne voulant pas être davantage, tomber enfin en un jour de combat: et pour perpétuer cette noble mémoire, chaque soir, dans le régiment dont il a fait partie, on fait l'appel de son nom, et le sergent répond: « Mort au champ d'honneur! » C'est en de tels jours qu'on voit, comme en 1870, un marquis de Coriolis, un vieillard de soixante ans passés, pour montrer le bon exemple aux jeunes, s'engager lui aussi comme simple soldat dans un régiment de marche, s'élancer toujours le premier lorsqu'il s'agit d'affronter un péril, trouver enfin la mort des héros à la journée de Montretout.

A ces noms j'en veux joindre un dernier, un nom qui m'est personnellement bien cher, comme à beaucoup d'autres, celui de Henri Regnault. Il avait vingt-sept ans, il avait remporté le grand prix de Rome pour la peinture. A ce titre, il était exempté de tout service militaire. Il était riche, heureux; il possédait déjà la gloire à l'âge où tant d'autres n'ont que l'ambition et l'espérance. La vie ne lui promettait que des triomphes. Pourtant, aussitôt qu'il apprit que Paris, sa ville

HENRI REGNAULT.

natale, allait être assiégé, il accourut d'Afrique afin d'être là parmi ses défenseurs. Hélas! le même jour où le vieux marquis de Coriolis tombait à Montretout, Henri Regnault trouvait la mort à Buzenval.

Voilà ce dont est capable la sainte flamme du patriotisme; voilà ce que peut cette passion, la plus belle de toutes les passions humaines. Ah! petit enfant, que d'autres exemples je pourrais te citer! Que de Français ont été depuis vingt siècles et des La Tour-d'Auvergne et des Coriolis et des Henri Regnault!

CHAPITRE VII

La Marseillaise.

Elle est au fond de ton cœur, cette sainte passion. Il dépend de toi de ne pas laisser s'éteindre, d'entretenir toujours vivante, cette flamme qui brûle devant l'autel. Chaque fois que tu voudras la ranimer, chante-toi à toi-même un couplet de la *Marseillaise*.

C'est l'hymne national de ta Patrie. C'est le plus beau et le plus fier de tous les chants nationaux. Tous les pays le connaissent depuis quatre-vingt-dix ans pour l'avoir entendu chanter chez eux par des voix de soldats français. Tout petit que tu es, tu ne l'entends pas sans éprouver un frémissement de tout ton être. Vieux comme jeune, tu ressentiras toujours ce frémissement. Ecoute bien ce que c'est que la *Marseillaise*, et, après l'avoir entendue, comprends-la.

C'était en 1792. La France commençait à soutenir la plus juste des guerres. Elle avait entrepris une révolution intérieure qui ne regardait qu'elle ; elle voulait changer ses lois et ses institutions pour leur substituer des institutions et des lois plus justes. Mais les rois de l'Europe ne voulaient pas qu'elle achevât cette révolution qui ébranlait leurs trônes ; ils étaient bien aises d'ailleurs de saisir cette occasion d'abaisser la France sous prétexte d'y venir rétablir l'ordre. Ils déclarèrent la guerre à la France, ils l'envahirent. Leurs armées s'avancèrent en Alsace, en Lorraine, en Champagne; elles n'étaient plus qu'à quelques journées de marche de Paris. Le roi de France trahissait, la reine et la

cour conspiraient avec les Autrichiens et les Prus
siens ; chaque jour, de Paris on livrait à l'ennemi les
plans de nos généraux, afin qu'ils pussent être vaincus
plus aisément. Des émigrés français faisaient campagne
contre la patrie avec ses ennemis. Enfin Brunswick,
le général en chef de la coalition, lança le manifeste
plein de haine et de colère qui annonçait le démem-
brement même de la France. Ce fut alors qu'un chant
retentit et appela aux armes tous les Français.

Celui qui l'avait composé à Strasbourg, nom glorieux
et douloureux, doublement cher aujourd'hui, c'était un
jeune officier, Rouget de Lisle, à la mémoire duquel
viennent d'être élevées deux statues. Les volontaires de

Marseille adoptèrent ce chant : bientôt la France tout
entière le chanta. Plusieurs couplets ont vieilli : on ne
se souvient plus aujourd'hui des misérables qui conspiraient alors avec l'étranger ; les haines politiques
mêmes s'oublient en notre pays généreux. Deux choses
seules sont éternelles en France : l'amour de la liberté,
l'amour de la Patrie.

C'est là ce qu'a chanté la *Marseillaise*. Elle est l'éveil
d'un peuple fier qui ne veut plus de maître au dedans,
qui marche debout désormais dans sa force et sa dignité :
elle est l'insurrection d'un peuple brave qui défend le
sol natal contre l'envahisseur. Hors de France, l'étranger qui veut nous donner des lois ! Hors de France,
l'étranger qui vient manger nos biens, qui dévore les
récoltes que nous avons semées, qui insulte nos femmes
et nos filles ! Non, ce n'est pas un jour douloureux que
le jour d'un tel effort, c'est le beau jour au contraire ;
c'est le jour de fête, c'est le jour de gloire où le Français va montrer ce qu'il vaut. Accourez, vous tous qui
allez combattre ce combat sacré ! L'indignation, la
haine, la douleur fermentent dans les âmes ; ce qui en
sort, c'est un appel à tous les vaillants, c'est une résolution virile, et, à l'accent de cette résolution, on sent
bien que la victoire appartient d'avance à ceux qui
vont combattre, emportés par un enthousiasme à qui
rien ne coûtera !

Ma plume serait bien faible pour te commenter le
premier couplet de la *Marseillaise*. Lis plutôt cette page
d'un des meilleurs Français de ce siècle, d'Edgar Quinet :

« Un chant sortit de toutes les bouches ; on eût pu
« croire que la nation entière l'avait composé ; car au
« même moment il éclata en Alsace, en Provence,
« dans les villes et dans la plus misérable chaumière.
C'était d'abord un élan de confiance magnanime,

« un mouvement serein, la tranquille assurance du
« héros qui prend ses armes et s'avance ; l'horizon, lu-
« mineux de gloire, s'ouvre devant lui. Soudainement
« le cœur se gonfle de colère à la pensée de la tyrannie.
« Un premier cri d'alarme, répété deux fois, signale
« de loin l'ennemi. Tout se tait ; on écoute, et au loin
« on croit entendre. on entend sur un ton brisé les
« pas des envahisseurs dans l'ombre ; ils viennent par
« des chemins cachés, sourds ; le cliquetis des armes
« les annonce en pleine nuit, et, par-dessus ce bruit
« souterrain, vous discernez la plainte, le gémissement
« des villes prisonnières. L'incendie rougit les ténèbres.
« Un grand silence succède, pendant lequel résonnent
« les pas confus d'un peuple qui se lève ; puis ce cri
« imprévu, gigantesque, qui perce les nues : « Aux
« armes ! » Ce cri de la France, prolongé d'écho en écho,
« immense, surhumain, remplit la terre !... Et, encore
« une fois, le vaste silence de la terre et du ciel ; et
« comme un commandement militaire à un peuple
« de soldats ! Alors la marche cadencée, la danse
« guerrière d'une nation dont tous les pas sont
« comptés. A la fin, comme un coup de tonnerre, tout
« se précipite. La victoire a éclaté en même temps
« que la bataille. »

Voilà ce qu'il est, le premier couplet de la *Marseillaise*.
Il est la *Marseillaise* à lui seul. Il est le chant de la
France tant qu'elle sera libre ; il sera le chant de la
France, chaque fois qu'injustement attaquée, elle aura
à défendre le sol de la Patrie, la famille, l'honneur
national. Elle rappellera à tout jamais à nos enfants
qu'un jour leurs pères se sont levés comme un seul
homme pour défendre ces choses saintes, et qu'ils ont
vaincu.

Retiens encore ce beau couplet :

> Amour sacré de la patrie,
> Arme, soutiens nos bras vainqueurs :
> Liberté, liberté chérie,
> Combats avec tes défenseurs !   (*bis*)
> Sous nos drapeaux que la victoire
> Accoure à tes mâles accents ;
> Que tes ennemis expirants
> Voient ton triomphe et notre gloire !

Aux armes, citoyens, etc.

Et celui-ci également, que chantaient fièrement les jeunes Français de ton âge :

> Nous entrerons dans la carrière,
> Quand nos aînés n'y seront plus ;
> Nous y trouverons leur poussière
> Et la trace de leurs vertus.   (*bis*)
> Bien moins jaloux de leur survivre
> Que de partager leur cercueil,
> Nous aurons le sublime orgueil
> De les venger ou de les suivre.

Aux armes, citoyens, etc.

Oui, chante-la, la *Marseillaise ;* elle a jailli de l'âme d'un soldat, elle a animé et enflammé des millions de soldats. Ce n'est pas elle qui t'apprendra jamais à faire une guerre injuste ; mais quand une guerre est juste, quand c'est pour la liberté que l'on combat et pour la terre natale, ce qu'elle t'apprendra aussi c'est à ne jamais reculer, c'est à ne jamais défaillir.

Répète-les, fais-en ton âme même, avec tout ce qu'elles renferment de vaillance, de joyeuses et superbes colères, de sang-froid, d'enthousiasme, de mâle résolution, ces paroles héroïques accompagnées d'un chant héroïque; répète-les et chante-les avec tout ton cœur, le jour surtout où tu prendras le fusil pour aller où tu sais bien et délivrer qui tu sais bien :

> Allons, enfants de la patrie,
> Le jour de gloire est arrivé !
> Contre nous de la tyrannie
> L'étendard sanglant est levé.   (*bis*)
> Entendez-vous, dans ces campagnes,
> Rugir ces féroces soldats ?
> Ils viennent jusque dans vos bras
> Égorger vos fils, vos compagnes.

Aux armes, citoyens, formez vos bataillons !
Marchons ! Qu'un sang impur abreuve nos sillons !

TROISIÈME PARTIE

CHAPITRE PREMIER

La guerre de 1870.

Je pourrais maintenant, mon enfant, te raconter une épopée glorieuse ; la France de la Révolution se levant à l'appel de la Patrie en danger, aux accents de la *Marseillaise*; la Convention luttant à la fois contre l'étranger, contre la guerre civile ; Carnot organisant la victoire ; quatorze armées mises sur pied ; les défaites et les succès alternant, mais le courage national domptant la fortune, à force d'énergie ; la République enfin partout victorieuse, reportant la guerre en Allemagne, en Autriche, en Hollande, en Suisse, en Italie, en Espagne, triomphant des rois et des empereurs coalisés, les contraignant les uns et les autres à la reconnaître. Mais ce n'est pas cette histoire que je te veux dire ; je veux te raconter une histoire douloureuse, l'histoire d'une défaite nationale.

Quand j'avais ton âge, quand je lisais le récit de l'un de nos désastres, quand j'entendais le nom de Leipzig ou de Waterloo, à ces noms maudits ma poitrine se serrait ; mon sang battait violemment. Hélas ! d'autres noms sont venus depuis s'ajouter, plus cruels encore pour les cœurs français. On voudrait détourner sa pensée de ces journées néfastes. Soyons plus braves, mon enfant, regardons en face ces douleurs et ces humiliations. Dans une famille, tu le sais déjà, tu le sauras surtout à mesure que tu vivras davantage, ce qui rapproche plus encore que les joies, ce sont les deuils.

Je la ferai bien courte, bien incomplète, cette histoire de la guerre de 1870; mais il faut que tu aies la force de l'entendre jusqu'au bout.

Le 19 juillet la guerre était déclarée, je t'ai dit ailleurs comment. L'Empire affirmait que nous étions prêts; nous n'étions pas prêts. La garde mobile n'exis-

tait que sur le papier; nous avions en tout trois cent mille soldats sous les drapeaux contre un million d'hommes que la Prusse et l'Allemagne allaient mettre en mouvement; et ces trois cent mille hommes n'avaient en nombre suffisant ni canons, ni munitions, ni approvisionnements. Six cent mille Allemands s'avançaient en trois armées avant que nous en eussions vraiment organisé une seule. Dès le premier jour nous étions surpris. Le 4 août, nos désastres commençaient. A Wissembourg, le corps du général Abel Douai était écrasé : son général restait parmi les morts. Le surlendemain, 6 août, nous perdions deux batailles le même jour ; à Reischoffen, en Alsace, le maréchal de Mac Mahon succombait sous le nombre ; à Forbach, en Lorraine, nous étions vaincus en même temps.

Cent cinquante mille hommes nous restaient autour de Metz. Le maréchal Bazaine les commandait, en qui la France mettait alors sa suprême espérance. Mais le maréchal Bazaine ou ne sut pas ou ne voulut pas abandonner la place de Metz. Après les deux sanglantes batailles de Gravelotte (16 août), de Saint-Privat (18 août), l'armée de Bazaine était enfermée dans Metz : elle était perdue pour la défense du pays, en attendant que la famine et la trahison la livrassent à l'ennemi avec ses canons, ses drapeaux et la citadelle qu'on nommait jusqu'alors Metz la Pucelle. Pendant ce temps, l'armée ennemie, que commandait le fils de l'empereur Guillaume, celui que les dépêches allemandes appelaient « notre Fritz », l'armée qui avait vaincu à Reischoffen, continuait d'envahir la France. Elle s'emparait des Vosges, s'avançait en Lorraine, en Champagne, marchant vers Paris.

Cependant une armée se reformait au camp de Châlons ; elle ralliait les fuyards de Reischoffen. On y réunissait les régiments venus de Rome ou d'Algérie, les bataillons de dépôt des régiments de France. Le maréchal Mac Mahon la commandait encore. Un jour elle se mit en mouvement. Prenait-elle la route de Paris pour protéger la capitale ? Non, car l'empereur était là, qui n'osait, après avoir déclaré la guerre si imprudemment, se montrer de nouveau aux Parisiens. Elle se dirigeait vers le nord, essayant par un détour audacieux d'aller débloquer Metz. Elle était une armée sans cohésion, sans force, sans ordre ; en huit jours, ayant des chemins de fer à sa disposition, elle réussit à faire quatre-vingts kilomètres!

Aussitôt, l'armée du prince Fritz, abandonnant la marche sur Paris, se mit à sa poursuite ; une autre armée allemande se plaçait entre les nôtres et la frontière de la Belgique. Quand nous arrivâmes à Sedan, nous étions enveloppés : le nombre, l'artillerie, la nature, tout était contre nous. On se battit toute une journée ; le soir, cent dix mille hommes, enfermés dans un cercle de fer et de feu, capitulèrent. L'empereur, prisonnier de guerre, rendit son épée (1er septembre).

Bazaine enfermé dans Metz, l'armée de Mac Mahon captive, que restait-il des forces militaires de la France ? Presque rien : un petit corps d'armée que le général Vinoy réussit à ramener dans Paris : çà et là quelques individus, quelques officiers qui avaient échappé. Mais plus de généraux, plus de corps d'officiers, plus de soldats aguerris, plus de canons ni de fusils non plus. Il y avait bien des hommes, les mobilisés, les gardes nationaux. Mais est-ce un soldat que l'homme qui ne sait pas l'exercice ? Est-ce un soldat que l'homme qui n'a pas d'armes ? Est-ce un soldat que l'homme qui n'a pas de chefs expérimentés pour le conduire ?

Eh bien ! même dans cette situation, la France ne désespéra pas. Paris donna le signal de la résistance. Il proclama la déchéance de l'empereur et acclama la République, et toute la France le suivit. Le gouvernement nouveau, présidé par le général Trochu, prit pour titre le beau nom de Gouvernement de la Défense nationale. Il adopta pour devise : « Pas un pouce de notre sol, pas une pierre de nos forteresses. »

Nous n'avions plus une seule armée en état de tenir la campagne, pas un obstacle à opposer à l'ennemi, sinon quelques places fortes ici et là, presque toutes mal armées, mal protégées contre les progrès de l'artillerie moderne. Le vainqueur s'avançait librement chez nous. Dès le 19 septembre, il avait investi Paris.

S'il eût pu s'en emparer alors, la guerre était sans doute finie du coup. La prise de la capitale eût abattu tous les courages : mais heureusement Paris était fortifié et à l'abri d'un coup de main ; Paris avait de quoi manger pendant plusieurs mois ; Paris surtout était résolu. Si la « grande ville » a mérité son nom en quelque jour de l'histoire, c'est bien à celui-là. La ville joyeuse et riche accepta sans marchander toutes les privations. Quand Jules Favre eut eu avec M. de Bismarck l'entrevue de Ferrières, quand on sut bien que l'Allemagne ne se contentait pas d'une rançon que nous aurions consenti à payer, si chère fût-elle, puisque la France avait déclaré la guerre, mais que la Prusse voulait Metz et Strasbourg, qu'elle exigeait deux de nos provinces, et les plus vaillantes, les plus françaises, un même cri sortit de tous les cœurs : « Non, tant qu'il restera aux mains de la France un tronçon d'épée, elle n'abandonnera pas l'Alsace et la Lorraine. »

Il fallait que Paris tînt bon ; il fallait que la France entière se réunît pour le secourir. Pendant ce temps, les Prussiens avaient le champ libre. Ils élevèrent autour de Paris leurs travaux de circonvallation ; l'invasion s'élargissait comme une tache d'huile. Ce n'était plus en Alsace, en Lorraine, en Champagne seulement qu'ils étaient les maîtres ; l'Ile-de-France, l'Orléanais, la Picardie leur appartenaient : on les voyait s'avancer jusqu'en Bourgogne d'une part, jusqu'en Normandie de l'autre. Paris apparaissait comme un rocher superbe dans la France du Nord submergée par la marée montante de l'invasion.

On se prépara virilement à la lutte. Paris, en même temps qu'il achevait de se fortifier, songeait à combattre, à forcer les lignes qui l'enveloppaient. On y fondait des canons, on y fabriquait des fusils, on y faisait des obus et des cartouches. Gardes mobiles et gardes nationaux s'exerçaient, apprenaient la manœuvre : une armée nombreuse se formait.

La France se préparait aussi. Une partie du gouvernement avait été envoyée à Tours pour organiser la résistance. Bientôt Gambetta sortit en ballon de Paris investi et vint rejoindre ses collègues, Crémieux, Glais-Bizoin, l'amiral Fourrichon. On fabriquait de tous côtés des canons et des fusils; on achetait des canons et des fusils, en Angleterre, en Amérique. Sur les bords de la Loire, sous la discipline sévère du général

Aurelles de Paladine, une nombreuse armée s'était rassemblée, était équipée, instruite. Des miracles d'énergie avaient été faits. Anciens officiers déjà à la retraite, marins, vieux soldats, tous s'étaient dévoués. Si quelque chose manquait aux jeunes soldats, ce n'était pas la bonne volonté. Le général Faidherbe, dans le Nord, organisait, lui aussi, une petite armée.

Au premier novembre, après moins de deux mois, Paris était prêt à reprendre la lutte : la France était prête aussi. Le premier combat de l'armée de la Loire

fut une victoire, le combat de Coulmiers : le seul jour
ou, en cette longue campagne, la fortune ait souri à
nos armes !

Oui, au lendemain de ce jour l'on eût pu espérer !
L'armée de la Loire marchait au-devant de Paris ; Paris,
de son côté, n'attendait que le moment d'un effort.
Peut-être les deux armées allaient-elles se donner la
main à travers les lignes ennemies. La capitale était
débloquée ; l'histoire glorieuse de la première République recommençait ; le peuple envahi chassait l'envahisseur...

Oui, c'était là un beau rêve et qui sembla un instant
près de devenir une réalité ! Mais un événement tragique
venait de s'accomplir, qui devait rendre vaines toutes les
espérances.

Le 27 octobre, **au moment même** où nous allions
reprendre l'offen-
sive , Metz avait
capitulé. Je ne te
parlerai pas de Ba-
zaine ; tu sais déjà
que ce nom est ce-
lui d'un traître : le
conseil de guerre
l'a condamné à
mort. Par lui cent
cinquante mille hé-
roïques soldats,
quarante-cinq dra-

peaux, dix-huit cents canons, une citadelle impre-
nable furent livrés à l'ennemi. Il conspira avec les Prussiens ; il noua des intrigues politiques au lieu de combattre. L'ennemi l'écouta tant qu'il eut profit à le faire :
mais quand Bazaine fut au bout de ressources qu'il

n'avait pas eu soin de ménager, on lui signifia brutalement qu'il n'avait plus qu'à se rendre. Juste prix de la trahison !

La conséquence terrible de la chute de Metz, la voici : toute l'armée du prince Frédéric-Charles, retenue par le blocus de Metz, redevenait libre soudain. Ce n'était plus seulement aux armées qui assiégeaient Paris que nous allions avoir affaire, c'était à toutes les troupes de l'Allemagne. A marches forcées Frédéric-Charles se dirige de Metz vers l'Orléanais ; après dix jours de combats terribles, continuels, l'armée de la Loire était accablée, écrasée ; les Prussiens pour la seconde fois entraient vainqueurs dans Orléans. Une partie de ce qui restait de l'armée française était rejetée en désordre sur la rive droite de la Loire, jusqu'à Bourges ; une autre partie, le long de la rive gauche du fleuve, se retirait vers l'ouest et faisait cette belle retraite qui a rendu glorieux le nom du général Chanzy. Le gouvernement de la Défense nationale était contraint à reculer de Tours à Bordeaux.

Paris combattait de son côté et n'était pas, hélas ! plus heureux. Son offensive commença le 30 novembre. Trois jours on se battit, et jamais combattants n'ont montré plus de courage ; deux jours on put espérer de vaincre. Mais les hauteurs de Champigny avaient été trop bien fortifiées par les Prussiens : le 2 décembre au soir, la partie était perdue pour nous. Il ne restait plus à l'armée du général Ducrot qu'à rentrer dans Paris.

Cette fois il semblait bien que tout fût désespéré. Mais ni Paris ni la France ne voulurent désespérer encore. Paris avait encore du pain, la France avait toujours des hommes ; et l'on continua d'exercer des soldats, de fondre et d'acheter des canons et des fusils.

Après un mois un nouvel effort avait été préparé. Dès les premiers jours du mois de janvier, Chanzy, dans l'Ouest, commandait une forte et nombreuse armée ; Faidherbe, dans le Nord, avait une armée ; Bourbaki, sur la rive gauche de la Loire, entre Bourges et Nevers, avait, lui aussi, une armée puissante.

Le temps pressait, car Paris n'avait plus à manger que pour peu de semaines. De toutes parts on se mit en mouvement. L'armée de Bourbaki se dirigeait vers l'est, pour débloquer Belfort, menacer les communications de l'ennemi ; les deux autres armées avaient Paris pour objectif, et Paris, lui aussi, allait tenter une suprême sortie.

Cet effort vaillant, en voici les tristes résultats. Après quelques succès, l'armée de Bourbaki ne put réussir à débloquer Belfort. Bientôt poursuivie elle-même, coupée de ses communications, elle était réduite, le 1ᵉʳ février, à franchir la frontière suisse au milieu des neiges pour échapper à une capitulation. Déjà ailleurs les événements s'étaient précipités : le 11 janvier l'armée du général Chanzy avait été vaincue à la bataille du Mans ; le 17, l'armée du général Faidherbe avait été vaincue à Saint-Quentin ; le 18, l'armée de Paris, à la journée de Montretout et de Buzenval où tombèrent tant de braves, avait succombé, elle aussi, devant des obstacles invincibles. Cette fois c'était bien fini de la résistance : Paris n'avait plus de pain. Il lui fallait se rendre.

Tout s'était réuni contre nous : l'impéritie au début, l'imprévoyance, bientôt même la trahison ; nos arsenaux vides, notre armée régulière presque tout entière prisonnière à Sedan ou enfermée à Metz ; point de vieux soldats pour soutenir les recrues, plus d'officiers expérimentés pour les instruire et les conduire ; ni habits, ni armes, ni munitions. Il avait fallu tout improviser sous le feu de l'ennemi, d'un ennemi qui se préparait depuis vingt ans à nous combattre, fourni de tout, enhardi par ses premières et écrasantes victoires, ayant pour lui la supériorité du nombre, la supériorité des armes, la supériorité du commandement. Ajoute les rigueurs du plus effroyable hiver qui se vit jamais, la boue, la glace, la neige. Et pourtant notre résistance avait duré cinq mois entiers, sans que l'Europe nous donnât une parole de sympathie, sans que personne vînt à notre secours, hormis Garibaldi à la tête d'une petite troupe !

Et maintenant tout était fini, bien fini. Oui, la France était bien vraiment vaincue. Elle était arrivée à la dernière station de sa voie douloureuse. Elle était à bout de forces. Il ne restait plus qu'à subir la loi du vainqueur. Ce que cette loi fut, tu le sais: la perte de l'Alsace et de la Lorraine ; une rançon de cinq milliards, l'occupation d'une partie de la France jusqu'au payement

intégral de la rançon. Le créancier ne lâchait une partie de son gage qu'à chaque milliard reçu. Cette occupation dura deux années et demie tout entières.

Voilà les maux que la France a connus il y a douze ans. Tu venais de naître alors, tu n'avais pas des yeux pour voir autour de toi, des oreilles pour entendre, l'intelligence pour comprendre. Tu ne sais de ces douleurs que ce qui t'en a été dit. Ah! puisses-tu ne jamais voir à ton tour la Patrie vaincue et mutilée! mais puisses-tu aussi n'oublier jamais non plus que cette Patrie a été vaincue et qu'elle n'est plus intacte!

Grave-les dans ton cœur, les dates de cette année maudite; ne laisse passer aucun de ces anniversaires sans te rappeler le sang des tiens qui a mis sur ces jours une tache ineffacée. C'est le calendrier des deuils français.

6 août : c'est la date de Reischoffen et de Forbach; souviens-toi!

18 août : c'est la date de Saint-Privat, souviens-toi!

1er septembre : c'est la date de Sedan; souviens-toi!

27 octobre : c'est la date de la capitulation de Metz; souviens-toi!

2 décembre : c'est la date de Champigny; souviens-toi!

18 janvier : c'est la date de Montretout; souviens-toi!

27 janvier : c'est la date de la capitulation de Paris; souviens-toi!

26 février : c'est la date où M. Thiers a mis la signature de la France au bas du traité de Paris; c'est le jour où l'Alsace et la Lorraine ont cessé d'être France; souviens-toi, oh! oui, souviens-toi, petit Français! (1)

(1) Voici le texte de la protestation déposée par les députés de l'Alsace et de la Lorraine au moment où l'Assemblée nationale de Bordeaux fut invitée à ratifier la convention signée par M. Thiers :

« Les représentants de l'Alsace et de la Lorraine ont déposé, avant toute négociation de paix, sur le banc de l'Assemblée nationale, la déclaration suivante affirmant, de la manière la plus formelle au nom de ces provinces, leur volonté et leur droit de rester françaises.

« Livrés, au mépris de toute justice et par un odieux abus de

Et voici encore un nom que tu ajouteras à cette liste où devraient être ajoutés tant d'autres noms : le 30 septembre.

Ce fut ce jour-là qu'en 1872 les habitants de l'Alsace et de la Lorraine durent opter pour la France ou pour l'Allemagne. Le vainqueur n'avait pas voulu qu'ils fussent consultés sur le sort de leurs provinces, trop sûr qu'il était de leur unanime réponse : il poussa la clémence jusqu'à leur permettre d'opter pour leur patrie du lendemain. Mais s'ils optaient pour la France il leur fallait presque aussitôt abandonner le pays. Ce fut pour l'Alsace et la Lorraine le jour des larmes entre tous, celui où les cœurs furent brisés. Selon les courages, chacun choisit son parti.

Les uns pour garder le doux nom de Français, les lois et les institutions de la patrie, pour ne pas voir

la force, à la domination de l'étranger, nous avons un dernier devoir à remplir.

« Nous déclarons encore une fois nul et non avenu un pacte qui dispose de nous sans notre consentement.

« La revendication de nos droits reste à jamais ouverte à tous et à chacun, dans la forme et la mesure que notre conscience nous dictera.

« Au moment de quitter cette enceinte, où notre dignité ne nous permet plus de siéger, et malgré l'amertume de notre douleur, la pensée suprême que nous trouvons au fond de nos cœurs est une pensée de reconnaissance pour ceux qui, pendant six mois, n'ont pas cessé de nous défendre, et d'inaltérable attachement à la patrie dont nous sommes violemment arrachés.

« Nous vous suivrons de nos vœux et nous attendrons avec confiance entière dans l'avenir que la France, régénérée, reprenne le cours de sa grande destinée.

« Vos frères d'Alsace et de Lorraine, séparés en ce moment de la famille commune, conserveront à la France, absente de leurs foyers, une affection fidèle, jusqu'au jour où elle viendra y reprendre sa place. »

le lendemain l'étranger maître chez eux, quittèrent tout : ils abandonnèrent la terre natale toujours si chère, la maison où leurs pères avaient vécu, où ils avaient aimé et souffert, où leurs enfants étaient nés ; ils oublièrent leurs intérêts, leurs affections, leurs habitudes ; du haut des montagnes des Vosges ils jetèrent un dernier coup d'œil à cette Alsace où dormaient tant de générations d'Alsaciens et qu'ils ne devaient plus revoir. Ce fut une longue et lugubre caravane.

Les autres restèrent. Ils n'étaient pas, mon enfant, les moins courageux. Ce qu'ils ont souffert de douleurs depuis dix années, eux seuls le pourraient dire. Ils ont consenti à devenir Allemands ; il leur a fallu subir les lois de ceux-là même qui venaient de bombarder Strasbourg et Metz ; il leur a fallu subir, avec leurs lois, leur arrogance et leurs menaces ; il faut que leurs fils, quand ils arrivent à vingt ans, s'enfuient s'ils ne veulent porter le casque à pointe, apprendre l'exercice sous la cravache prussienne, être prêts à marcher un jour contre la France ; et, quand le fils s'enfuit, on condamne le père à l'amende. Mais, en souffrant tout cela, ils ont empêché la terre abandonnée de devenir la proie de l'Allemand ; ils ont conservé à l'Alsace et à la Lorraine leur âme française ! Ils attendent, d'un cœur qui n'a pas désespéré, le jour de la délivrance, celui où le drapeau tricolore apparaîtra de nouveau sur la cime des Vosges. Ce jour-là, de Mulhouse à Metz, un grand cri retentira, sortant de toutes les poitrines. Les morts l'entendront jusque dans leurs tombeaux et leurs ossements tressailliront.

Souviens-toi du 30 septembre 1872, petit Français !

———

CHAPITRE II

Chants prussiens.

Ton vainqueur n'est pas un vainqueur généreux. Il ne lui suffit pas d'être dur, impitoyable dans la victoire: il faut encore qu'il soit insolent. Quelque chose lui manquerait s'il ne piétinait sur l'ennemi à terre, s'il ne lui faisait sentir le talon de sa botte. Il a besoin de ricaner et de faire entendre à celui qu'il a terrassé ses ricanements; il fait songer à ces valets de boureau d'autrefois soufffetant la tête que la hache venait de trancher. — Quand, à Sedan, la capitulation fut signée, quand notre désastre fut complet, les musiques des régiments prussiens se mirent, par ironie, à jouer la *Marseillaise*. — Quand, après Sedan, après la chute de Metz, la France se défendit encore, appelant ses dernières forces, voulant espérer toujours malgré l'espérance même, sauver du moins son honneur, ce bien suprême des peuples comme des individus, ne crois pas que cet effort lui ait acquis l'estime et le respect de son ennemi; il n'a fait que l'exaspérer! La partie, disait-on, était perdue pour nous; nous étions de vaniteux entêtés qui refusions de nous rendre à l'évidence; nous étions pis que cela, de véritables criminels qui prolongions inutilement la guerre, qui nous obstinions à faire couler le sang, qui empêchions l'Allemagne de recueillir le fruit de ses sacrifices et de jouir de sa gloire: pour cela seul nous méritions un châtiment exemplaire! — Quand enfin, après cinq mois d'une résistance acharnée, Paris, réduit par la famine, dut capituler à son tour, quand Jules Favre alla à

Versailles porter l'humiliation suprême, sais-tu comment M. de Bismarck annonça la nouvelle aux siens?
Il sifflota entre ses dents et dit: « La bête est morte!!! »

Aujourd'hui encore, après plus de onze ans de
gloire et de toute-puissance, ne crois pas que la haine
de l'Allemagne ait désarmé. Au moment où j'écris,
Berlin se prépare à célébrer une fois de plus la fête
de Sedan. Ecoute maintenant les chants que l'on
chante dans les écoles, dans les casernes prussiennes,
sur la France, sur ses soldats, sur tes frères et toi.
Quand on te parlera de la fraternité des peuples, rappelle-toi ce qu'ils disent, ces chants-là!

Voici l'un de ces chants:

La vérité et le droit ne vivent que sur la table où l'on
débite la bière: c'est là qu'on lutte pour leur noble cause.
Ni nos mœurs, ni notre temps n'ont les torts qu'on leur
prête, quand on voit nos contemporains attablés autour des
pots de bière...

C'est là que toute tiédeur se réchauffe, que l'esprit d'indépendance devient ferme comme l'acier. C'est là que nous
sentons que nous avons notre place dans l'histoire du
monde.

Oh! comme la bière nous rend unis et fidèles, comme
elle développe la bonne humeur et le bon accord! O doux
et chers instants, pourquoi fuyez-vous si vite autour des
pots de bière!

Non, l'Allemagne n'est pas encore perdue; elle étincelle
d'esprit et de vigueur, autour des pots de bière.

Jurons donc d'anéantir tout ce qui est welche [1], tout ce
qui n'est pas allemand; jurons-le autour des pots de bière

----

1. *Welche*, c'est-à-dire Français.

Voici un autre de ces chants :

LES HOUSARDS

Dans la bataille, au milieu des dangers, rien n'est plus gai que les housards; le canon tonne et éclate comme la

foudre, le sang allume notre œil qui étincelle et nous nous précipitons dans la mêlée.

En avant, on crie: Housards, le sabre et le pistolet au poing, et raillons-nous de la tempête!

Ils nous parlent français, nous ne les comprenons pas.

Tranchons-leur la tête, pour les faire taire.

Le housard marche en avant, en avant toujours; si son camarade est frappé à son côté, il ne s'en émeut pas. Le corps se dissout dans le tombeau, mais non l'uniforme, et l'âme monte triomphante dans les cieux.

Ecoute encore :

OU EST LE RHIN?

Où est le Rhin? — Il coule sur la terre allemande. Remarquez cela, Français, vous qui n'entendez rien à la géographie. Et si, par malheur, nous n'avions dormi pendant des siècles, vous ne nous auriez pas disputé, scélérats, les rives de notre fleuve.

Aujourd'hui, nous vengeons les hontes que vous avez infligées au peuple allemand. Nos braves sont en route, et, l'épée à la main, ils vont nettoyer nos frontières des zouaves et des turcos.

Car les pays allemands que vous nous avez volés sont l'*Alsace*, la *Lorraine* et la *Bourgogne!* Riez seulement! Riez! Bientôt, vos dents claqueront de frayeur!

Nous vous reprendrons ces trois provinces ; nous les arracherons de vos griffes. Nous referons l'honneur allemand aux dépens de la gloire française, et nous nous établirons en maîtres sur les deux rives du Rhin.

Ecoute toujours :

NOTRE DAVID

Monsieur Goliath s'avance, le Philistin français, et nous crie : « Viens, pieux David, viens! approche-toi donc un peu !

« Je suis bardé de fer des pieds à la tête. Viens essayer ta fronde contre moi. Il t'en cuira, cette fois-ci ! »

Et le jeune David ne fait pas la sourde oreille, il vient au pas accéléré, avec sa fronde et avec une bonne épée.

« Vantard, toi qui as six coudées de haut, je vais te montrer ce que je sais faire. » Et, brusquement, il grandit et devient un géant formidable.

Et il frappe la terre de son épée, et de cette terre surgit toute une armée de Davids, tous géants comme le premier.

L'épée frappe les Philistins comme la faux qui couche la moisson sur le sol. On voit enfin la force de ce David allemand, notre bon Michel, si longtemps raillé.

Ainsi la paille est dispersée, ainsi le grain est jeté à terre, ainsi les rouges fleurs des blés fauchées jonchent le sol de leurs pétales sanglants.

Monsieur Goliath voit ces choses et voudrait bien s'en aller. Mais David ne lui en laisse pas le temps.

Il va à lui, le saisit par la ceinture, le soulève, le balance, et le jette au loin, à travers champs.

« Tu as ton compte, braillard! Vous avez le vôtre, Philistins! Si vous bougez seulement, si vous faites un pas
vers nous, gare!

« Nous vous attraperons encore une fois, et d'une façon
définitive, effrontés maraudeurs que vous êtes! Nous renver-
serons les murailles insolentes de votre Ascalon.

« Nous raserons vos cités, et personne ne saura plus, ne
pourra reconnaître où Ascalon, — Paris, — a existé et où
les Français ont vécu! »

Ecoute enfin :

SUR LES FRANÇAIS

Vous connaissez la vieille chanson : Hurrah! hurrah! hurrah! Nous chantions ce refrain pendant les longues marches,
nous autres jeunes hommes, en nous exerçant à la guerre
future. Hurrah! hurrah ! Nous chantions ce refrain-là en
temps de paix; aujourd'hui, chantons-le de nouveau, puisque l'on va se battre. Hurrah! donc, et tombons sur les
Français !

Les vieux nous avaient appris cette chanson: Hurrah !
Nous valons bien les vieux, j'imagine ! Faisons-le voir, hurrah! Ils chantaient ainsi à la Katzbach, à Grossbeeren, à
Dennewitz, et en chantant ils tombaient comme la foudre
sur les Français !

Que Dieu vous bénisse, les vieux ! Hurrah! Nous chantons comme vous, à la vieille mode, qui est la bonne, hurrah ! Et nous l'avons déjà prouvé, car nous aussi, à Wissembourg, à Forbach et à Wœrth, nous sommes tombés sur les
Français.

Mon cher monsieur Français, comment vous portez-vous ?
Hurrah ! Vous tiendrez-vous tranquille et sage, cette fois-ci,
hein ! Hurrah ! Tu as beau faire, braver, défier, ruser, mentir, que diable! tu en auras bientôt assez. En avant donc!
tombons tous sur les Français !

Salut, roi Guillaume, héros pieux et fort! Hurrah! Ton peuple entier t'acclame, hurrah! Regarde-nous bien, cela nous donne du cœur au ventre! Regarde-nous, et tu verras si nous tapons solidement sur les Français!

En avant! en avant! Recommençons la danse! Hurrah! hurrah! hurrah! A Paris! Paris est notre but! Nos pères deux fois y ont déjà été. A notre tour, nous y serons bientôt! Victoire! Chantons le vieux refrain! Hurrah! donc, et tombons sur les Français.

En voilà assez, n'est-ce pas? Sens-tu combien on te hait toujours! Sens-tu combien on te méprise! Sens-tu qu'on ne te trouve pas assez humilié! Est-ce que cette seule lecture ne te fait pas monter le sang aux joues? Dis-le-moi; quand tu seras grand, quand tu seras un homme, si l'on chante encore ainsi, ne voudras-tu pas faire rentrer ces insolences dans la gorge de ceux qui les profèrent?

CONCLUSION

Et maintenant, au moment de finir, je reviens encore,
mon cher enfant, à cette patrie qui est la tienne, à la
France. Oui, c'est une belle et noble patrie, la plus noble
et la plus belle; mais entends bien ce que veut dire ce
mot: noble patrie, et que de sacrifices il commande.

Si tu ne veux pas accepter ces sacrifices, quitte le sol
natal; dis adieu à ta famille, à tes concitoyens, renie
les pères dont tu es sorti, va vivre ailleurs; les frontières te sont ouvertes. Va chercher d'autres lois, va
chercher une autre patrie. Tu en trouveras qui exi-
geront de toi moins que celle-ci. Tu pourras y vivre
riche, envié, entouré d'enfants, heureux à ton gré, si
tout cela suffit à ton bonheur. Je n'ai alors rien à te
dire; et si tu étais né tel, je te le dis franchement, la
France en te perdant ne se serait pas appauvrie. Mais
si tu te sens quelque peu fier de ce nom de Français que
tu as reçu en naissant, retiens bien ceci: c'est que ce
nom glorieux n'est pas seulement un honneur, mais
une charge aussi; et voici ce qu'il me reste à te dire.

Il y a, parmi les animaux, des races lâches qui ne
sont bonnes à rien qu'à manger et à s'engraisser. On
les nourrit, on les engraisse et on les envoie à la bou-
cherie. On fait travailler le cheval de trait ou de
labour, qui n'est capable que de tirer la voiture ou la
charrue. Pourvu qu'il trouve, en rentrant à l'écurie,
la mangeoire pleine et la litière fraîche, il est content. Mais le cheval de sang est d'une race plus fière;

ce qu'il lui faut à lui, c'est de courir; il est fait pour gagner des prix sur les champs de courses et non pas pour traîner des fardeaux.

Regarde autour de toi parmi les hommes, et tu trouveras les mêmes différences. Il est aussi des hommes qui se contentent des rateliers pleins et des litières fraîches. Du moment où ils mangent et dorment paisiblement, ils ont trouvé tout le bonheur auquel ils aspirent et dont ils étaient dignes. « Pourvu que je sois bien, disent-ils, tout est bien. » A côté de ceux-ci tu vois et tu verras d'autres individus, toujours prêts à s'oublier pour penser à autrui. Qu'il s'agisse d'un coup de main, d'une maladie à soigner, qu'il s'agisse d'un conseil ou d'une démarche, ils ne marchandent pas. C'est à leur porte qu'on va toujours frapper, bien sûr que la porte s'ouvrira; après s'être dévoués, ils se dévouent encore. Ceux-là ne sont pas toujours les heureux. Ils obligent beaucoup d'ingrats; ils ne trouvent pas toujours, lorsqu'eux-mêmes sont embarrassés à leur tour, la reconnaissance de ceux auxquels ils ont rendu service. On dit d'eux volontiers: « Pourquoi se mêlaient-ils de ce qui ne les regardait pas? » On a beau dire cela, on les estime et on les admire: le jour où ils ne sont plus, tout le monde sent que l'humanité a fait une perte difficile à réparer.

Eh! bien, parmi les nations, il en est de même. Il y a parmi elles des races nobles et des races médiocres. Il en est qui se contentent d'être riches, heureuses, paisibles, de gagner beaucoup d'argent et de faire bien leurs affaires. Ce bonheur terre à terre leur suffit. — Encore une fois, va chez elles, vas-y bien vite, si tu n'aspires à rien de plus !

Ta race à toi est une race noble. S'emplir, suivant les temps, de pain noir ou de pain blanc, de pommes

de terre ou de viande, non, cela n'est pas un idéal qui
la satisfasse. Elle a soif d'honneur. Ce qu'elle a rêvé
toujours depuis les longs siècles qu'elle existe, ç'a été
de faire dans le monde de grandes choses. Et pour
moi, je ne te le cacherai pas, j'aimerais mieux qu'elle
cessât d'exister que de renoncer à cette ambition superbe;
elle mourrait tout entière, du moins ; elle ne se survivrait
pas : elle ne traînerait pas une existence dégradée.

Tu as entendu parler de ces commerçants qui n'ont pu
faire honneur à leur signature, qui ont fait tort à leurs
créanciers, que tout le monde regarde avec mépris et
qui s'appellent des faillis; leur faute rejaillit jusque sur
leurs enfants. La France, si elle manquait à son passé,
ne serait plus désormais entre les nations qu'une faillie ;
le nom même de Français deviendrait un opprobre.

Non, la France ne peut pas mentir à son passé.
Il faut ou qu'elle périsse ou qu'elle reprenne son rang, à
l'avant-garde de la civilisation, à la tête du chœur des
nations. C'est la seule place qui puisse être la sienne.

Il est une belle pensée écrite par un des plus grands
moralistes de ce temps : « L'homme n'est pas né pour
être heureux; il est né pour être homme à ses risques
et périls. » Ce que cela veut dire, mon ami, c'est que
l'homme vraiment digne du nom d'homme n'est pas
né pour mettre son bonheur là où beaucoup mettent le bonheur; mais qu'il est né pour le trouver à
agir, à faire des œuvres viriles, à mériter toujours et
sa propre estime et celle d'autrui.

On peut de même dire de la France : « La France
n'est pas née pour être heureuse; elle est née pour
être la France à ses risques et périls. » Elle est née
pour être la France, c'est-à-dire, quoi qu'il lui en puisse
coûter, pour être un peuple grand entre les peuples :
toute semblable à ce levain que tu vois mettre dans

la pâte le jour où, à la maison, ta mère fabrique le
pain et qui fait fermenter la pâte entière.

Un pays qui joue dans le monde un tel rôle ne doit
pas s'attendre à jouir jamais d'une paix douce et
molle. On te la donnerait, cette paix, avec l'abdication
et ce sommeil qui ressemble à la mort, qu'avant
vingt ans tu en serais dégoûté, tu aurais honte toi-
même de ta vie d'animal ruminant. Le bon sang qui
est dans tes veines bouillonnerait et se révolterait.
Tu trouverais qu'il y a mieux à faire de la vie que de
manger et de digérer.

Retourne en arrière ; regarde l'histoire de tes pères ;
remonte aussi loin que tu voudras : dis-moi si jamais
ils ont connu le bonheur tranquille et paisible que
certains te proposent aujourd'hui. Ta race est une
race robuste et agissante, depuis le temps des
Gaulois, tes ancêtres, jusqu'au temps où tu es né.
Les Gaulois étaient braves, hardis, entreprenants : ils
ne craignaient, disaient-ils, qu'une seule chose : c'était
« que le ciel tombât » ; ce qui veut dire que, sous
le ciel, ils ne craignaient personne. César, qui les com-
battit et les vainquit, les a appelés une race inquiète,
qui ne peut demeurer en repos ; à laquelle il faut toujours, pour occuper son activité, quelque aventure
nouvelle. D'autres races, les Visigoths, les Bur-
gondes, les Francs, les Normands, sont venues depuis
se mêler à la race gauloise. Le nom même de la Gaule
a disparu pour être remplacé par le nom de France ;
mais le tempérament de ce peuple n'a pas changé.

C'est de la France qu'est parti, aux siècles du moyen
âge, le grand mouvement des Croisades qui a précipité
l'Occident contre l'Orient, le monde chrétien contre le
monde musulman. C'était un Français que ce Pierre
l'Hermite qui a prêché la première croisade, et un

Français que ce Godefroy de Bouillon qui l'a dirigée ,
c'était un Français que ce roi Louis IX qui a dirigé la
dernière. Plus tard, c'est la France qui a tenu tête à
Charles-Quint, lorsque, ayant réuni sur sa tête la couronne d'Espagne et la couronne du Saint-Empire d'Allemagne, maître sur la Méditerranée et sur l'Océan,
riche des trésors de l'Amérique qui venait d'être
découverte, celui-ci se vantait que « le soleil ne se cou-
chait pas sur ses Etats », et rêva en Europe la monarchie universelle. C'est la France, bien que plus d'une
fois vaincue, qui a triomphé dans cette lutte ; elle a
forcé enfin cet ambitieux à confesser sa défaite en ab-
diquant. Au xvii⁰ siècle, sous Louis XIV, la France
rêve à son tour de monarchie universelle. Pendant
soixante années elle soutient presque seule la lutte
contre tout le reste de l'Europe et, pour la vaincre, il
ne faut rien moins que cette Europe coalisée. Au
xviii⁰ siècle, elle est si grande encore, que l'un de ses
voisins, Frédéric II, écrit d'elle : « Si j'étais le roi de
France, je ne voudrais pas qu'il se tirât en Europe un
coup de canon sans ma permission. » Sa gloire militaire, pourtant, et son influence sont abaissées par l'in-
capacité de ceux qui la gouvernent. Elle est battue
et humiliée sur les champs de bataille; elle perd ses
admirables colonies de l'Inde, du Canada, mais elle
prend sa revanche par ses écrivains, ses philosophes,
ses savants. Ses ennemis mêmes reconnaissent la supériorité de son génie, se font gloire de se mettre à
son école. Tous les yeux sont tournés vers elle. Elle
est pour tous les peuples la colonne lumineuse : elle
fait sa révolution, au nom des droits de l'humanité.
Déchirée au dedans par les plus effroyables convul-
sions, envahie par l'étranger, elle fait tête à la fois aux
ennemis du dehors et à ceux du dedans, elle reporte

la guerre hors de ses frontières ; la Convention, aidée de Carnot, « l'organisateur de la victoire, » met sur pied quatorze armées : les légions de la France visitent tour à tour toutes les capitales : Rome, Naples. Vienne, Berlin, Madrid, Moscou ; la moitié de l'Europe s'appelle un moment l'Empire de Napoléon. Il ne faut rien moins encore que l'effort réuni de tous pour l'accabler.

Tu entendras dire que la race française est une race légère, frivole, insouciante, faite pour chanter des chansons et se distraire en les chantant, bonne seulement à donner au monde des modes et de la gaieté. N'en crois rien, mon enfant ; ceux qui disent cela n'ont vu que la surface ; ta race est au fond une race terrible, vive, impétueuse et violente. Elle ressemble à ces volcans d'où sort parfois une fumée légère, mais au fond desquels gronde toujours une force redoutable, prête à se manifester par des tremblements de terre, des explosions imprévues, des éruptions de lave bouillonnante. Ses passions sont ardentes ; quand elle n'a pas pu faire de grandes choses au dehors, au dedans elle a fait des révolutions : aussi terrible à elle-même qu'à ses voisins.

Si tu ne veux pas accepter cette destinée, pour la troisième fois, va-t'en ailleurs chercher une autre patrie. La France ne renoncera pas à son caractère pour s'accommoder au tien ; elle ne ressemblera jamais ni au petit bourgeois qui mange paisiblement ses revenus, ni au capitaine fatigué qui vient planter ses choux au village en attendant que la mort le prenne. Elle est forte, elle est vaillante. Ce qu'elle craint le plus, c'est de s'ennuyer, — un grand poète l'a dit, — et l'inaction, pour elle, c'est l'ennui.

Tu la vois maintenant vaincue, accablée, se souvenant des terribles épreuves qu'elle a subies il y a

douze ans, repliée en boule comme le hérisson, tout
occupée à panser ses plaies, exagérant la circonspec-
tion comme, en d'autres temps, elle a exagéré la confiance en soi. Laisse faire le temps, mon ami;
attends que les cheveux de Samson aient repoussé, et
tu verras bien que bon sang ne ment pas, que Samson
est toujours Samson, que la France est toujours la
France. Un jour viendra où les Français voudront regarder de nouveau, bien en face dans les yeux, ceux qui
se vantent de les avoir anéantis, et, comme leurs pères
les Gaulois, ne craindront personne sous le ciel.

Non, une race pareille à celle-là n'est pas faite pour
être heureuse à la façon dont plusieurs entendent le
bonheur ; elle n'est pas faite pour la vie sans
orages, et c'est une longue suite d'orages, en effet, que
l'histoire de la France. La fortune n'est point constante,
et qui se risque sans cesse dans les aventures doit s'attendre à bien des accidents. Aucun peuple n'a éprouvé
plus de misères que le tien ; aucun n'a plus connu toutes
les extrémités des choses humaines : tantôt porté par
la roue de la fortune au faîte de la gloire, tantôt précipité au plus profond des abîmes. Etudie depuis l'antiquité jusqu'à nos jours l'histoire de ton pays ; tu verras
qu'aucun n'a été aussi souvent vaincu, aussi souvent
humilié ; qu'aucun n'a traversé de plus épouvantables
désastres, qu'aucun n'a vu de plus sanglantes tragédies.
Tu la sais déjà, cette histoire ; tu les connais, ces noms
sinistres de Crécy, de Poitiers, d'Azincourt, de Saint-
Quentin, de Ramillies, de Hochstœdt, de Rosbach,
d'Aboukir, de Trafalgar, de Leipzig, de Waterloo,
d'autres encore plus récents que je serais bien fâché que
tu oublies !

Mais, à côté de cela, voici ce que tu peux te dire : Ta
race, qui a traversé tant d'épreuves, est une race pleine

d'énergie. Aussi facilement elle tombe, aussi facilement elle se relève. Elle est comme ces ressorts que toute pression fait rebondir. Elle n'est jamais apparue plus forte qu'au moment où on la croyait vaincue sans retour. L'énergie qui est en elle s'est révélée soudain; elle a étonné le monde, épouvanté ceux qui se vantaient de la faire trembler. Dix fois ses vainqueurs l'ont crue morte; ils ont cru l'avoir mise au tombeau, avoir scellé sur elle la dalle funéraire où ils avaient écrit de leur main brutale : *Ci-gît la France*. Dix fois la France est sortie de ce tombeau, plus grande, plus puissante, plus radieuse que jamais. On avait pu l'abattre, mais la tuer, non pas.

Rappelle-toi les guerres de l'Anglais. Le roi de France était fou, sa femme vendue à l'ennemi; la moitié de la terre française appartenait au conquérant. Nos armées avaient été défaites; la guerre civile ajoutait ses horreurs à la guerre étrangère; armagnacs et bourguignons luttaient d'intrigues, de violences, d'assassinats; des bandes de pillards, sous le nom de soldats, couraient en tous sens nos provinces, rançonnant, dévastant, pillant, tuant; ce qui montait de la terre vers le ciel, c'était une immense lamentation humaine; il n'y avait plus ni lois, ni autorité, ni gouvernement; il semblait qu'il n'y eût plus de France; et quand le fou qui était le roi mourut, ce fut le fils de l'Anglais qui fut proclamé son successeur. Quand un peuple est revenu de là, il n'a pas le droit de désespérer jamais, car jamais ne se sont vues tant d'horreurs et d'humiliations réunies. Alors, pourtant, de l'excès même des maux jaillit le salut. Une jeune fille parut, la plus belle, la plus sainte de toutes les figures de l'histoire. C'était l'âme même de la Patrie qui s'incarnait en elle. Elle disait, la bonne Lorraine, qu'elle n'avait jamais pu

voir couler le sang français sans que tous ses cheveux
se dressassent d'horreur. Elle marchait en avant des
bataillons, son étendard à la main, en s'écriant : « Sui-
vez-moi » Et tous la suivirent, et la fortune changea :
vingt ans après la France était délivrée et rendue à ses
fils ; l'Anglais était rejeté dans l'Océan. En vain, Jeanne,
la vierge sans tache, livrée par la trahison, avait été
brûlée à Rouen. L'unité française qu'avait appelée son
patriotisme s'achevait bientôt par l'œuvre politique de
Louis XI, indestructible désormais.

Rappelle-toi les guerrres civiles et religieuses de la
fin du xvie siècle. Il sembla alors encore que la France
allait périr, plus encore par les discordes de ses enfants
que par les mains de l'Espagnol qui les fomentait.
Guises et Condés, Valois, huguenots. ligueurs, on eût
dit que tous étaient coalisés pour détruire la patrie.
Alors aussi on ne voyait nulle part que la violence,
l'horreur, l'assassinat. De nos propres mains nous
déchirions nos entrailles. Et, pourtant, de cette affreuse
convulsion la France n'est pas morte. Grâce au courage et au bon sens de Henri IV, grâce au patriotisme
et à l'énergie des bons citoyens, les factions ont été
domptées, les fanatiques ont été vaincus : la paix a
été rétablie au dedans, l'Espagnol a dû renoncer à
ses projets de conquête ; c'est la France, après trente
années, qui a vaincu l'Autriche et l'Espagne et leur
a dicté ses volontés.

Rappelle-toi, au siècle passé, les dernières années de
Louis XV, souviens-toi de nos défaites honteuses sur
terre et sur mer ; souviens-toi du traité de Paris qui
consacrait notre abaissement. Cette fois encore, il
semblait que c'était fait de nous. Eh bien ! vingt années
ne s'étaient pas passées que cette France si humiliée avait
aidé l'Amérique à s'affranchir de la domination anglaise.

Et, dix ans plus tard encore, la France, en travail de la révolution, tenait tête à tous les rois de l'Europe coalisés : et dix ans plus tard, encore, il n'y avait pas un pays qui ne tremblât à son nom !

Voilà ce dont elle est capable, ta Patrie, une fois de plus aujourd'hui vaincue et humiliée. Ils peuvent une fois de plus, ceux qui l'ont vaincue, croire dans leur sot orgueil que c'en est fait d'elle et qu'elle est bien mise dans la tombe cette fois. Laisse-les dire ! Ce n'est pas un mal pour le vaincu que d'être méprisé ; on prend moins de précautions contre celui que l'on méprise. Toi qui sais l'histoire de ton pays, souviens-toi et espère. Son dernier malheur n'est pas plus irréparable que les précédents. Recueille-toi et prépare-toi : ton sang est bon, rouge et chaud ; vingt siècles te le prouvent ; où le père a passé l'enfant peut passer à son tour.

Espérance ! telle était la devise de tes pères ; qu'elle soit la tienne aussi. Tu sais le bel emblème de la ville de Paris : un navire battu de la tempête, avec cette légende latine : *Fluctuat, nec mergitur.* « Il est ballotté, mais il ne sombre pas. » Ce navire, c'est l'emblème de la France tout entière, c'est toute l'histoire de ton pays. Il est ballotté aux orages, mais il ne sombre pas. Espère et sois confiant ; car je te dis, tu es de la race des forts. Sache attendre, patient, prudent et résolu, une heure qui sonnera, n'en doute pas. La cause pour laquelle tu combattras sera celle de la justice ; et cela aussi est une force. Ce jour-là, songe à tes pères, songe à tes descendants, songe à ce qui les réunit les uns et les autres, à ta patrie : la France ! [1]

1. *Le Petit Français* a pour suite et complément *le Petit Soldat*, par M. Louis HENRIQUE, rédacteur du *XIXᵉ siècle* (*pour paraître en ᵃanvier 1883*).

TABLE DES MATIÈRES

Pages.

Avant-Propos.. 1

PREMIÈRE PARTIE

La Patrie française.

LIVRE PREMIER. — LA PATRIE

Chapitre   I. — Un mot sur la vie 7
—   II. — Ce que c'est que la Patrie.............. 10
--   III. — Les bienfaits de la Patrie................. 19
—   IV. — La Patrie et l'Humanité................. 24
—   V. — L'utopie de l'idée d' « Humanité »........ 29

LIVRE II. — LA FRANCE

Chapitre   I. — La France est une patrie favorisée par la
nature.................................... 35
—   II. — La France est une patrie ancienne 42
—   III. — La France est une patrie glorieuse 44
—   IV. — La France est une patrie juste.......... 55
· ·   V. — La France est la patrie généreuse entre
toutes.................................... 69
—   VI. — Dernier mot.......................... 78

DEUXIÈME PARTIE

Les devoirs envers la Patrie.

Pages.

PRÉAMBULE.. 81

LIVRE PREMIER. — LE CITOYEN

CHAPITRE   I. — Le devoir dans la famille et à l'école..... 85
—   II. — La loi du travail...................... 88
—   III. — Le respect de la loi.................... 92
—   IV. — Le devoir civique.. 99

LIVRE II. — LE SOLDAT

CHAPITRE   I. — La loi de la guerre.................... 119
—   II. — Le service obligatoire................... 123
—   III. — Les qualités physiques du soldat........ 124
—   IV. — L'éducation militaire 129
—   V. — La guerre....................... 136
—   VI. — La source des vertus militaires.......... 151
—   VII. — La Marseillaise...................... 157

TROISIÈME PARTIE

La Patrie blessée.

CHAPITRE   I — La guerre de 1870.................... 163
—   II. — Chants prussiens 176

CONCLUSION.................................... 183

LE LIVRE

DE

LA PATRIE

Recueil de morceaux choisis

(PROSE ET VERS)

Illustré par MM. E. BENNER, J. BENNER, etc.

1 vol. in-16. cartonné........ 1.50

HISTOIRE DE FRANCE

DES PETITS ENFANTS

Avec un très grand nombre de Vignettes intercalées dans le texte

PAR

Mᵐᵉ Pauline KERGOMARD

Inspectrice générale des Écoles Maternelles

1 vol. in-16, sur papier teinté, cartonné....... 1.25

PARIS. — IMP. DE LA SOC. ANON. DE PUBL. PÉRIOD. — P. MOUILLOT. — 10960

LIBRAIRIE Eugène WEILL et Georges MAURICE

4 bis, *Rue du Cherche-Midi, Paris*

Extrait du Catalogue :

MORALE ET ENSEIGNEMENT CIVIQUE

Instruction morale et civique des Jeunes filles, par Mme HENRY
GRÉVILLE, 1 vol. illustré de nombreux dessins............ 1 50

Le Petit Français, par M. Charles BIGOT, ancien élève de l'École
normale supérieure, rédacteur au *XIXe Siècle*, 1 vol. illustré de
nombreux dessins... ... . 1 25

MORCEAUX CHOISIS

Le Livre de la Patrie, 1 vol. illustré de nombreux dessins. 1 50

CHANT

Chants Français, recueil de Chants nationaux, patriotiques et militaires, avec une Préface de M. Paul DÉROULÈDE, 1 vol. in-16. » 60
(Publication de la Ligue des Patriotes.)

HISTOIRE

Histoire ancienne des Peuples de l'Orient, par M. FRANCK,
agrégé d'histoire, professeur au Lycée Fontanes, 1 vol..... 2 »

GÉOGRAPHIE

La France en 35 Leçons, par M. GASTON CRÉHANGE, agrégé
d'histoire et de géographie, professeur à l'École alsacienne. —
Précis, 1 vol... » »

Cahiers, sur papier teinté, le cent........................ 13 50

CALCUL

Cours complet de Calcul mental, par M. F. BRÆUNIG, sous-
directeur de l'École alsacienne. — **Cours préparatoire.** — *Manuel
du Maître*, 40 cent. — *Livre de l'Élève*, illustré, 50 cent. — *Tableaux coloriés muraux*, les douze, sur papier teinté, 2 fr. — Les
mêmes, cart., 3 fr. 50. — **Cours élémentaire.** — *Manuel du Maître*,
75 cent. — *Livre de l'Élève*, 50 cent.

ÉCRITURE

Méthode rationnelle, par M. LENOIR, ancien professeur d'écriture
à l'École normale de Versailles. — Deux parties. — *Manuel du
Maître*, 2 vol. illust. — Chaque volume.................... 1 »

Cahiers préparés, sur papier teinté, le cent.............. 9 »

TRAVAUX MANUELS DES FILLES

La Journée de la petite ménagère, par Mme VALETTE, 1 vol.
avec 120 illust................. .... 1 25